\走って／ \探して／ \輪になって／

カードで あそぼ!

藤本ともひこ 著

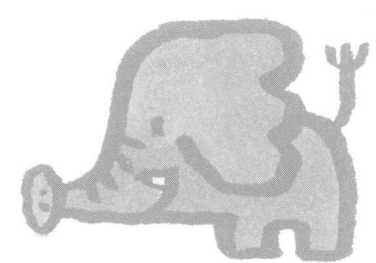

チャイルド本社

＼走って／＼探して／＼輪になって／
カードであそぼ！
CONTENTS

誕生！ あそびの活性化レシピ

　いつものあそびに「カード」をプラスしてみると、あら不思議。いつもより、ずっとおもしろくなるじゃないですか。マンネリ化していたあそびも、新鮮に見えてくる。おまけに、あそびそのものが活発になって、みんなイキイキしていくじゃありませんか——。ぼくが保育園の異年齢集団で遊びはじめたときに苦肉の策で導入したカードは、当初の予想をはるかに超えて、あそびを多岐にわたって活性化することがわかりました。日々磨きをかけられた「カードあそび」の数々は、まさに「あそびの活性化レシピ」となったのです。

　遊ぶにあたり、心しておきたいことが、ひとつだけあります。それは、「遊んでいるときに不都合が生じたら、みんなで相談して新しいルールを見つけて乗り越える」こと。これこそが、あそびを自分たちのものにし、よりおもしろく、より活性化させる術なのです。この本のあそびは、ひとつの例として紹介されているにすぎません。あそびを通じてエッセンスを感じてもらって、さらにその中からあそびのスピリットをくみ取っていただけるといいなぁ、と思っています。

　まずは、この本の中からお好きなあそびを、そのままやってみてください。やってみて感じたおもしろさと「自分たちならこうするのに」という物足りなさ、相反するふたつの気持ちに、すぐに気付くはず。それでいいのです。体験と確信を重ね、ぜひ自分たちならではのあそびの地平へと踏み出していってください。

藤本ともひこ

本書の使いかた	4

PART 2 カードさがしであそぼ …21

カードD	**22**
準備編 カードをかくそう	23
カードさがし	24
とことこカード	26
どうぶつさがし	28
Ⅰ 鳴き声さがし　Ⅱ クイズでさがし	
Ⅲ 特徴カードさがし	
パズルカードさがし	30
Ⅰ ２分割編　Ⅱ ４分割編	
Ⅲ 12分割編　Ⅳ ランダム編	
ハンターカード	32
カードE	**34**
カードF	**35**

PART 1 オニごっこであそぼ …5

カードA	**6**
おっかけオニ	7
オニがくる	8
じゃんけんオニ	9
かくれんぼ	10
こおりオニ	11
だるまさんがころんだ	12
しっぽカードとり	14
缶けりカード	16
さんかくレース	18
カードB・C	**20**

ちょっとひと息①	36
「輪になって話し合おう」	

PART 3
2チーム対抗であそぼ
…37

カードG	38
とんじゃんけんぱ	39
バッカンバトル	40
おたからバトル	
ぐー・ちょき・ぱー	42
どうぶつコール	44

そこぬけとたとたゲーム	46
I　カードの橋をかけろ！	
II　カードでファッションショー	
III　トラの子カードをトラなくちゃ	
IV　Sケンバトル	
V　フラッグバトル	
VI　表彰式ごっこ	

カードでポイントハイク	50
カードさがし／ポーズゲーム	
お買いもの／じゃんけんゲーム	
なぞなぞ／サイコロだめし	
福袋でラッキー	
カードH・I	52

PART 4
輪になってあそぼ
…53

カードJ	54
カードおとし	55
フルーツバスケット	56
じゃんけんポーズ	58
変身カードゲーム	59
ヒツジとオオカミ	60
誰が持ってるの？	61

カードK・L	62
カードM	63

ちょっとひと息②	64
「勝っても負けても」	

PART 5
0・1・2歳もカードであそぼ
…65

カードN	66
なにかな なにかな	67
いないいない	68
I　いないいない	
II　くるっとして こちょ	
III　とことこ こちょこちょ	

いたね いたね	70
I　いたね いたね	
II　ウサギ どーこ？	
III　めくって いたね	
どっちかな	72
どこかな どこかな	73
くだものさがし	74

虫さがし	75
カードあつめ	
おうちへいらっしゃい	76
I　ぼくのおうちへいらっしゃい	
II　どうぶつのおうち	
カードO	77
カードP	78

おわりに	79
「ロックスピリッツ」	

特別付録
豪華カラーカード
…81〜88

カードQ	81
カードR・S	83
カードT	85
カードU	87

本書の使いかた

[あそびのページ]

カードの種類
あそびに使用するカードの種類です。
他のカードに替えたり、
何種類かシャッフルしたり自由に楽しんで。

バリエーション など
同じあそびのバリエーションや
別バージョンです。

あそびのタイトル

対象年齢
対象年齢の目安です。
必ずしもこの限りではないので、
ケースバイケースで
楽しんでください。

カードの枚数
あそびに必要なカードの
枚数の目安です。
人数によって調節してね。
カードは少し多めに
準備すると安心です。

イラスト
あそびの様子がよくわかります。

ワンポイント アドバイス
ルールのポイントや、
スムーズなあそびのコツを
紹介しています。

ちょっとアレンジ
少しの工夫でますます楽しくなる
アレンジ。ぜひやってみよう。

[カードのページ]

カード部分は、B5判と同じサイズです。

モノクロカード
コピーして切り取り線にそって
切り離して使います。色をぬる
とますます楽しいね。汚れたり、
子どもにあげちゃったりしても、
コピーすればまた作れます。

 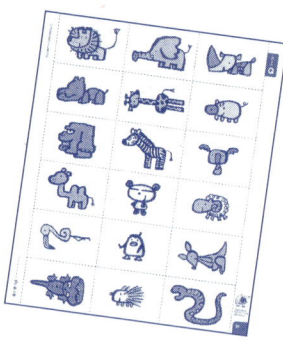

カラーカード
切り取り線で切り離せば、
すぐに使える便利なカー
ドです。巻末についてるよ。
カラーやモノクロでのコ
ピーもOK。

\自由自在!/ \余計なお世話!?/ カード活用法

この本にはカードがいっぱい。絵柄は、多種多様、千差万別にたくさん用意しましたよ。利用方法は無限。ネームタグやマーキング、室内装飾、ぬり絵、お店やさんごっこのお金、おたより用カットなど、アイデア次第でいろいろに使えます。そして、いろいろな使いかたを自分で見つけるというのも、大切なこと。ぜひ想像力をたくましくして、どんどん活用して下さいませ。

本書のコピーについて

本書に収録されたカードのページは、自由にコピーしていただけます。コピーできるページには「コピーOKマーク」が付いているから参考にしてね。
あそびなど「コピーOKマーク」がないページの無断コピーや配布、カードのイラストの商用利用などはできません。

コピーOKマーク(見本)
コピーOK

利用の際は必ず下記サイトをご確認下さい。
www.bunka.go.jp/jiyuriyo/

誰もが一度は遊んだことがあるあそび、
オニごっこ。
そんなスタンダードなあそびに、
カードを導入してみましょう。
・カードがほしい
・カードを取られたくない
という目的が持てるだけで、
いつものオニごっこが
がぜんエキサイトしていきます。
遊びながら考えて、また遊び…のくり返しが大切。
カードの枚数は目安です。
実際に合わせて調整しましょう。
どんどんアレンジして、楽しんでください。

PART
1

オニごっこで
あそぼ

切り取り線

コピーOK

ご使用の前には
かならず4ページを
お読みください。

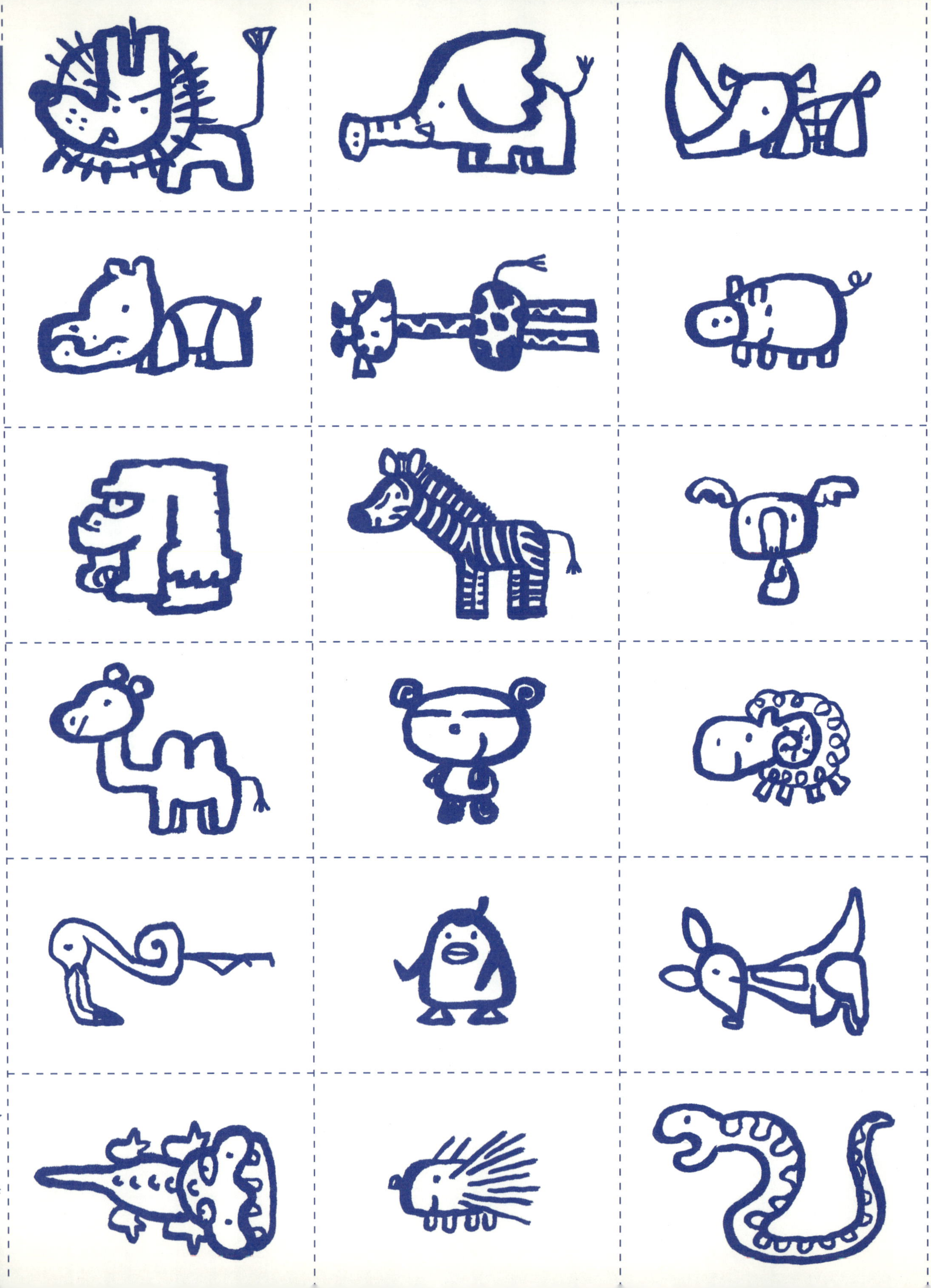

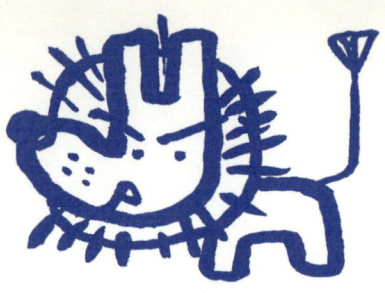

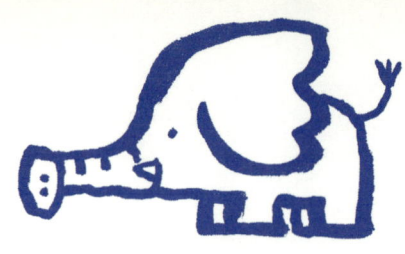

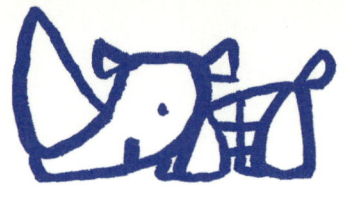

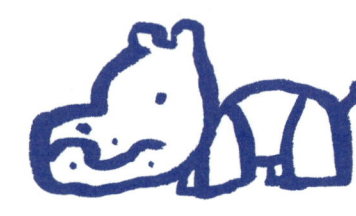

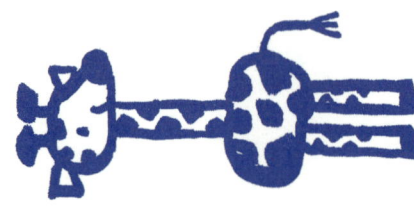

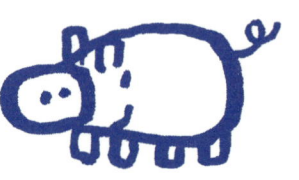

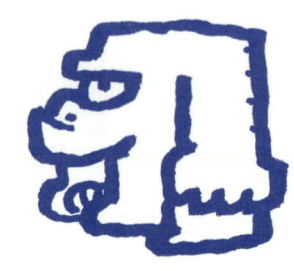

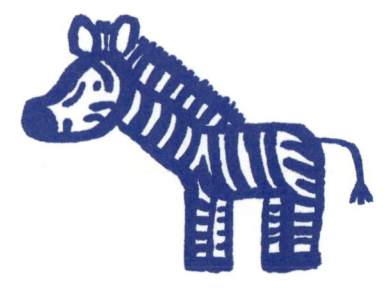

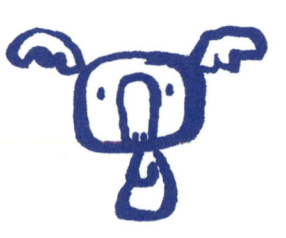

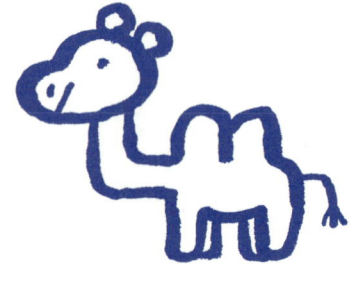

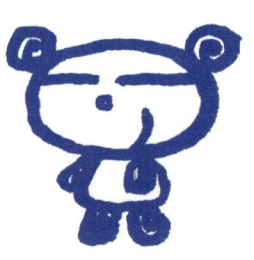

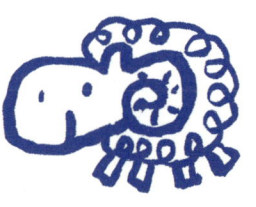

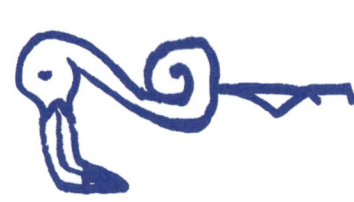

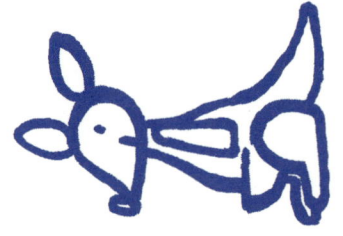

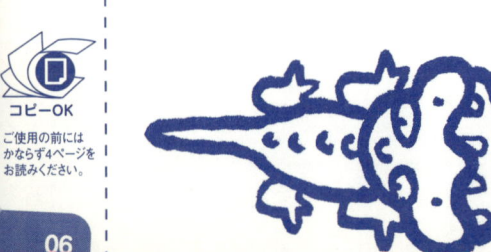

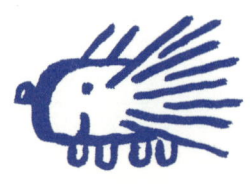

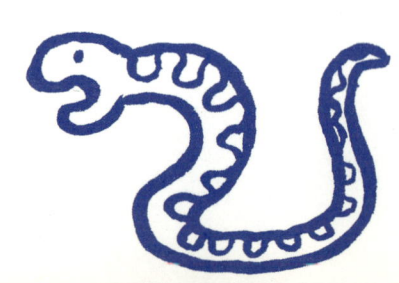

おっかけオニ

カード **A** 6ページ　5〜6人でコピー2枚

1 オニごっこであそぼ

1歳から

1
おとながカードをたくさん持って逃げます。

2
子どもにタッチされたら…

3
1枚あげてください。

4
そのくり返しで、みんながたくさんのカードがもらえる。それだけですが、子どもはすぐに夢中になります。

5
なくなったらおしまい、でひとあそび。2回戦もいってみよう！

ワンポイントアドバイス

● 逃げる速さは臨機応変に

逃げる速さは、子どもたちに合わせてあげて。あんまりタッチできないと、いやになってしまうものです。臨機応変ってやつですね。

07

オニがくる

カード A 6ページ　6人ごとにコピー1枚

1歳から

1
ひとり3枚のカードを持ちます。「よーいスタート！」でみんな逃げます。

2
オニ役のおとなが追いかけます。タッチされた子どもは、オニにカードを1枚取られます。

にげろ〜

3
カードを取られないように、かくれましょう。

4
オニが疲れて「まいった」と言ったら終わり。反対にオニがカードを全部取ったら、オニの勝ちです。

まいった〜

> **！ちょっとアレンジ**
>
> ●**カードを全部とられた子には**
>
> カードがなくなってしまった子がつまらなくならないように、アイデアを2つ。
> 1. おとながカード屋さんを開店して、カードを貸し出す。
> 2. カードがなくなった子がオニの仲間になって、追いかけて遊ぶ。

じゃんけんオニ

カード **A** 6ページ　6人ごとにコピー1枚

2歳から

1
ひとり3枚のカードを持ってスタート。みんなバラバラに逃げましょう。

2
誰でもいいからタッチしよう。タッチした人とされた人、ふたりでじゃんけんです。

3
勝った人は、負けた人からカードを1枚もらえます。

4
誰がたくさんカードを集められるかな。ずっと逃げられればなくならないけど、戦わないとカードは集められませんね。

！ちょっとアレンジ

●異年齢集団での遊びかたアイデア

年少の子にはカードを5枚持たせます。年長の子はカードを3枚とハンディをつけて、ゲームスタートです。それでも力の差が大きかったら、年少の子に7枚持たせてもよいでしょう。

かくれんぼ

カード **A** 6ページ　9人ごとにコピー1枚

2歳から

1
カードをひとり2枚持ってかくれます。

2
オニが見つけに行くまでかくれていよう。

3
オニに見つかったら、カードを1枚渡します。そしたらまたかくれていい。

4
カードがなくなっちゃった人はオニにつかまります。指定の場所にいましょう。

5
最後までかくれていた人が、次のオニになれます。

> **！ちょっとアレンジ**
>
> ● 異年齢で遊ぶとき
>
> 異年齢で遊ぶときには、おちびちゃんに2枚プラスしてあげましょう。逃げるチャンスが増えると、遊ぶ時間も増えます。

こおりオニ

カード **A** 6ページ　6人ごとにコピー1枚

2歳から

1 カードをひとり3枚持って逃げます。

2 オニにタッチされたら、こおって固まります。

3 タッチしたオニは、カードを1枚もらえます。

4 こおった人は、まだ逃げている誰かにタッチしてもらうと…

5 復活できます。

6 お礼にカードを1枚あげよう。

7 オニはつかまえてかせげ！
みんなは助けてかせげ！

ワンポイントアドバイス

●身動きがとれないとき

カードもなくなっちゃって、オニにつかまっちゃったら、もう身動きがとれません。でも、カードがない子も誰かが助けてあげてもいいのです。柔軟に遊びましょう。

だるまさんがころんだ

基本のあそび

カード 6ページ　　8人でコピー2枚

3歳から

1
おとながオニになりましょう。オニから離れたところに線を引き、「はじめの一歩」でスタート。オニの「だるまさんがころんだ」コール中は、動いて近づくことができます。

缶 →

2
コールが終わるとオニは振り向き、そのとき動いている人をアウトにします。アウトになった人は、スタートラインに戻ろう。

3
オニの真後ろに置いた缶をけったら、カードがもらえます。

4
カードをもらったら、またスタートラインに戻って参加できます。何枚カードがもらえるかな。

バリエーション　ルールいろいろ

● ペナルティルール

カードを持っている人は、オニにアウトにされるたびに、ペナルティとして1枚オニにあげなくてはいけません。「だるまさんがころんだ」を10回コールするあいだに、一番カードを集めた人の優勝。

● 得点倍増ルール

ふたりで手をつないで缶をけると、ひとり2枚カードをもらえ、3人ならば、ひとり3枚。10人なら、ひとり10枚…と、手をつなぐ人数に応じてたくさんカードがもらえる。

● 異年齢おまめルール

小さい子たちは、スタートラインを缶の近くにしてあげましょう。力の差のバランスをとってあげると、異年齢でもいっしょに遊べます。

5歳児のスタートライン　4歳児のスタートライン　3歳児のスタートライン

! ちょっとアレンジ

ボール　バケツ　ダンボール（くずしても楽しい）

オニの後ろに置くものは、他にもいろいろあります。

しっぽカードとり

STEP 1
カード B 20ページ　5〜6人でコピー5枚

1歳から

1 しっぽカード（以下しっぽ）を腰に付けたおとなが、ネズミ役です。

2 子どもたちは、ネズミを追っかけて、しっぽを取ると…

3 しっぽがもらえます。1回に取るのは、1本にしてね。何回でも、取れるだけもらえます。

とったー
わーい

4 まずは、たくさん集めることを楽しんでください。しっぽは、たっぷり補充して、取らせてあげてください。

STEP 2
カード B 20ページ　5〜6人でコピー5枚

1歳から

1 取ったしっぽは、子どもたちの腰やえり元に付けましょう。

2 今度は子どもたちが、ネズミになって逃げます。しっぽを取られたら終わりだよ。

まてー

3 取られるとくやしいものです。なかには泣く子もいるかも。泣いて育つのです。

！ちょっとアレンジ

● 『オオカミとこやぎ』バージョン

お話仕立てで、しっぽとりを遊んでもいいかも。演出効果が加わると、あそびは表現の世界につながっていきます。発展したくなったら、どんどんやってしまいましょう。

STEP 3

カード 　B…6人でコピー3枚　C…6人でコピー2枚

1
あらかじめ、しっぽをひとり1本ずつ付け、カード C を2枚ずつ持ちます。そして、ネズミチームとネコチームでしっぽを取り合います。

ネズミチーム　ネコチーム

2
取られて泣く子、やりたくなくなる子も出てくるはず。

「もうやんない」「ビエ〜」

3
そこで『しっぽ屋』登場。取られてなくなった子には、カード C 1枚でしっぽを1本売ってあげましょう。

4
いっぱい取った人のしっぽは、しっぽ屋が買い取ります。しっぽ1本につき、カード C を1枚あげましょう。

「ハイッ2枚」「2本あるよ〜」

5
最後はすべてのしっぽをしっぽ屋が買い取って、カードの合計枚数でどちらのチームが勝ちかを決します。

ワンポイントアドバイス

●しっぽ屋の重要性

しっぽ屋の存在は、子どもたちが安心したり相談したりするのをさりげなく手助けします。

缶けりカード

全体図 遠くに行くと危ないので、公園などでは缶を中心にした範囲を、みんなで確認してから遊ぼう。

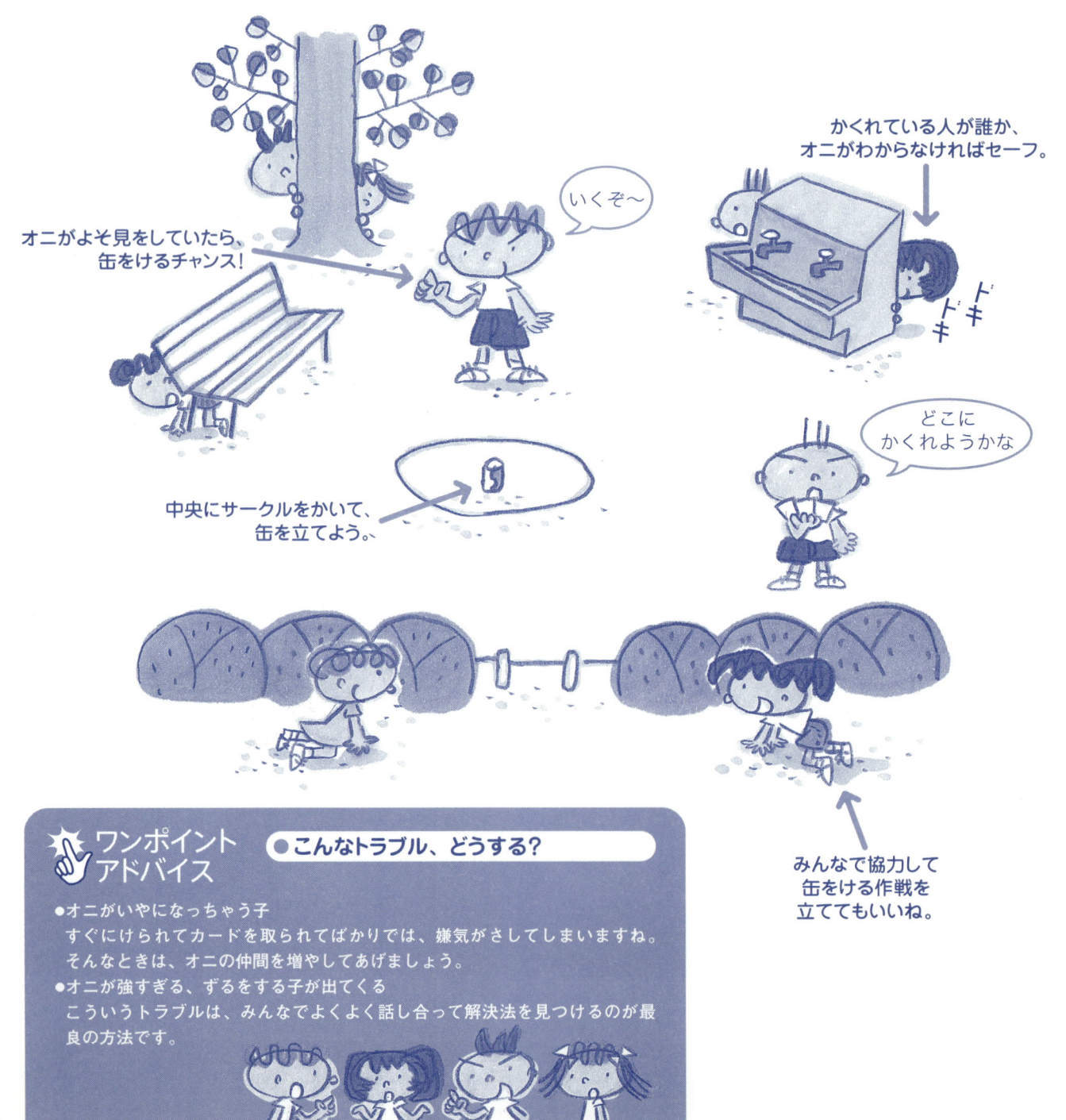

オニがよそ見をしていたら、缶をけるチャンス！

いくぞ～

かくれている人が誰か、オニがわからなければセーフ。

ドキドキ

中央にサークルをかいて、缶を立てよう。

どこにかくれようかな

みんなで協力して缶をける作戦を立ててもいいね。

ワンポイントアドバイス

● こんなトラブル、どうする？

● オニがいやになっちゃう子
すぐにけられてカードを取られてばかりでは、嫌気がさしてしまいますね。そんなときは、オニの仲間を増やしてあげましょう。

● オニが強すぎる、ずるをする子が出てくる
こういうトラブルは、みんなでよくよく話し合って解決法を見つけるのが最良の方法です。

1 オニごっこであそぼ

カード A 6ページ　5〜6人でコピー2枚

3歳から

1
ひとり3枚カードを持ってスタート。残りのカードを持ったオニが10数えているあいだに、みんなかくれます。

2
オニのそばのサークルの中にある缶をけったら、オニからカードが1枚もらえます。

3
オニはかくれている人を見つけて、名前を呼んで缶をひと踏みしよう。その人から1枚もらえます。

4
オニに3回見つかり、手持ちのカードがなくなった人は誰かにゆずってもらってしのごう。

5
一番カードをかせいだ人が、次のオニ役となることができます。オニのカードがなくなったらおしまいです。

！ちょっとアレンジ　●缶をけったらいいことが！ルール

- オニが獲得したカードはサークルの中に置いておき、缶をけった人は総取りできる。
- 缶をけった人は、左記の総取り権か、オニを交代するかを選択することができる。

17

さんかくレース

全体図 島と橋を地面にかいて、ダイナミックに遊ぼう。

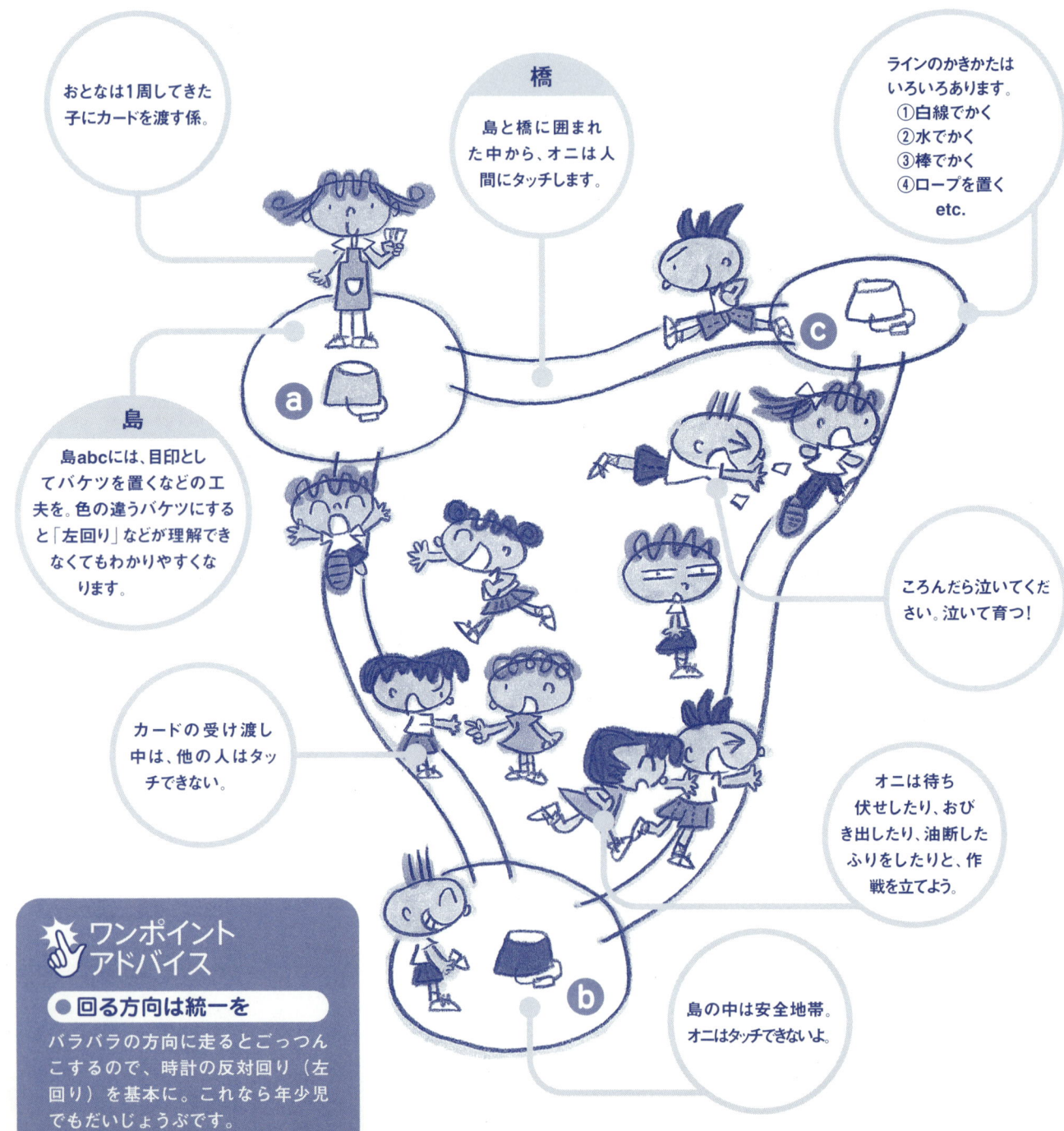

おとなは1周してきた子にカードを渡す係。

橋
島と橋に囲まれた中から、オニは人間にタッチします。

ラインのかきかたはいろいろあります。
① 白線でかく
② 水でかく
③ 棒でかく
④ ロープを置く
etc.

島
島abcには、目印としてバケツを置くなどの工夫を。色の違うバケツにすると「左回り」などが理解できなくてもわかりやすくなります。

ころんだら泣いてください。泣いて育つ！

カードの受け渡し中は、他の人はタッチできない。

オニは待ち伏せしたり、おびき出したり、油断したふりをしたりと、作戦を立てよう。

島の中は安全地帯。オニはタッチできないよ。

ワンポイントアドバイス

● 回る方向は統一を
バラバラの方向に走るとごっつんこするので、時計の反対回り（左回り）を基本に。これなら年少児でもだいじょうぶです。

1 オニごっこであそぼ

カード **A** 6ページ　5〜6人でコピー2枚

3歳から

1
オニチームと人間チームに分かれます。人間チームは橋を渡って島 ⓐ → ⓑ → ⓒ → ⓐ と移動します。オニチームは、橋の内側から人間にタッチします。

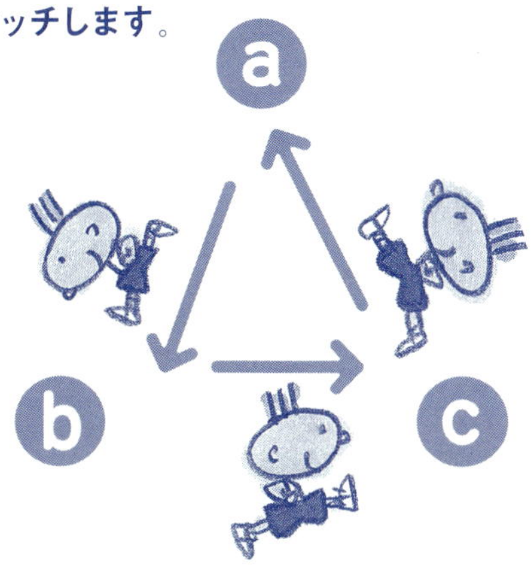

2
橋の上でオニにタッチされたら、オニにカードを1枚渡してください。カードを持っていない人間にタッチしても、何ももらえないよ。

3
人間はオニにタッチされずに島 ⓐ に戻って来られたら、カードが1枚もらえます。

4
10分経ったら、オニチームと人間チームをチェンジしてまた10分間遊びます。終了後、カードの合計枚数が多いチームの勝ちです。

ワンポイントアドバイス
●しっかり!? カードをもらうテク

カードを持ってない人にタッチしても、カードはもらえませんね。あえて泳がせ、1周回ってカードをかせいできたところでタッチすれば、しっかりカードをもらうことができちゃう。

!ちょっとアレンジ
●カードポイント倍増作戦

ふたりで手をつないで回ると、カードが2枚ずつもらえます。反対にオニにタッチされたら、2枚渡しましょう。

カード **B**

※山折り線から左側をえり元などに折り入れます。

カード **C**

© TOMOHIKO FUJIMOTO

山折り線 ──── 切り取り線

コピーOK
ご使用の前にはかならず4ページをお読みください。

宝 さがしもカードで。
カードをかくす場所は
いろんなところにありますよね。

- ・室内
- ・屋外
- ・公園
- ・森　　　など

遊ぶ場所や人数編成、年齢編成によって、
いかようにも楽しむことができます。
見つけるということは、
とっても喜ばしいことです。
みんないつも何かを発見したがっています。
カードを使って、
思いっきり発見ごっこをしてみてください。
コピーしたカードは色をぬって、
大切な宝物にしてもいいね。

PART
2

カードさがしで
あそぼ

カード D

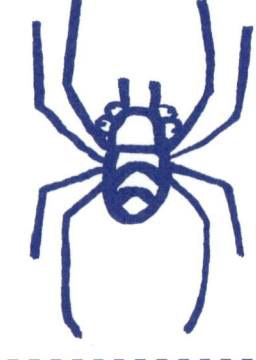

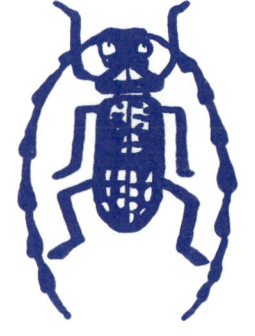

準備編 カードをかくそう

2 カードさがしであそぼ

屋内・屋外を問わず、すぐ目につくところに置いたり、ちょっとかくしてみたりと、工夫してセッティングしましょう。

年少児の場合　かくすというより置く感覚で。

部屋のすみっこ　　庭のすみっこ　　テーブルの上　　床に並べる　　いすの上

年中児の場合　伏せて置く、『頭かくして、しりかくさず』状態にしてみるなどのアレンジを。

絵本にはさむ

積み木の下　うえきばちの下

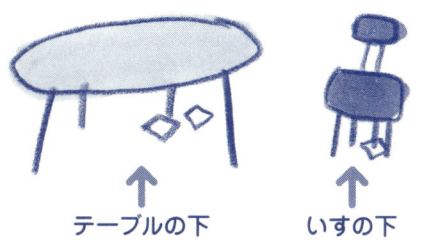
テーブルの下　いすの下

年長児の場合　目線よりも上にするなど、本気でかくします。

木にくっつける　←枝のあいだ　うえきばちの下　葉っぱの中　←保育者のポケット

カードさがし

基本のあそび

カード 22ページ　　5〜6人でコピー1枚

1歳から

1
見本の1枚を見せて、「これを探すんだよ」と声をかけてください。

他にもいろんなカードがあるからね

2
スタート！　たくさん探してくること!!　カードは、あらかじめかくしておこう。

3
取りっこになったらじゃんけんだ!!

ぼくの！　ぼくのだ

じゃーんけん

4
何枚集めたかを並べて数え、優勝者を決めます。

わたしも　ぼく1枚　8、9…

得点バリエーション

カード **D** 22ページ　5〜6人でコピー1枚

年長児にぴったりの得点バリエーションです。見つけてきたカードによって点数が異なっていたり、集めたカードによって点数が倍増する特別ルール。集計時に導入してください。

● レアカード（ホタル）

カード10枚分の価値がある。

● デビルカード（クモ）

カードマイナス10枚分とカウントされる。

● スペシャルセット

トランプのポーカーのようにカードの絵柄がそろったら、得点が増えるぞ！
下の組み合わせは一例です。

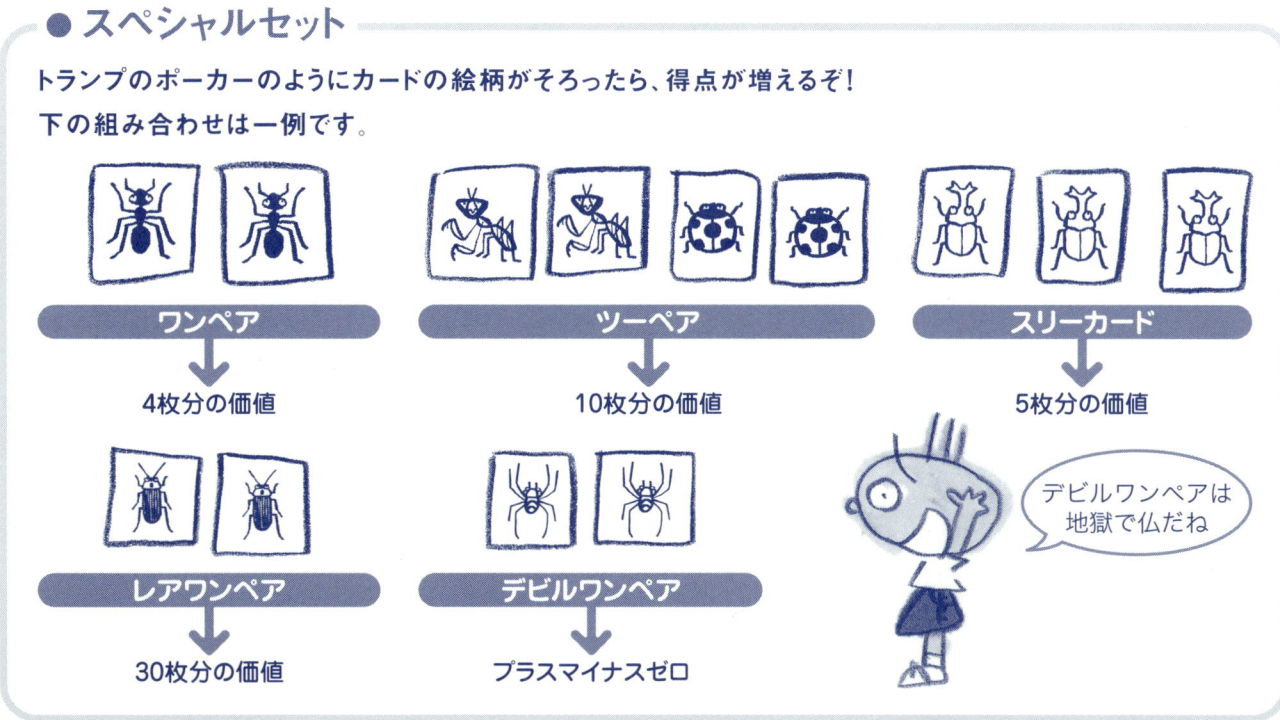

ワンペア	ツーペア	スリーカード
4枚分の価値	10枚分の価値	5枚分の価値

レアワンペア	デビルワンペア
30枚分の価値	プラスマイナスゼロ

「デビルワンペアは地獄で仏だね」

どこどこカード

基本のあそび

カード **D** 22ページ　　5～6人でコピー2枚

3歳から

1 下のようなルーレット盤風の図を大きめにかいたシートめがけ、ひとりずつ、おはじきや小さな積み木などを投げます。止まったところが、その人が探してくる虫カードです。

2 「よーいどん！」でいっせいにカードを探しに行きます。

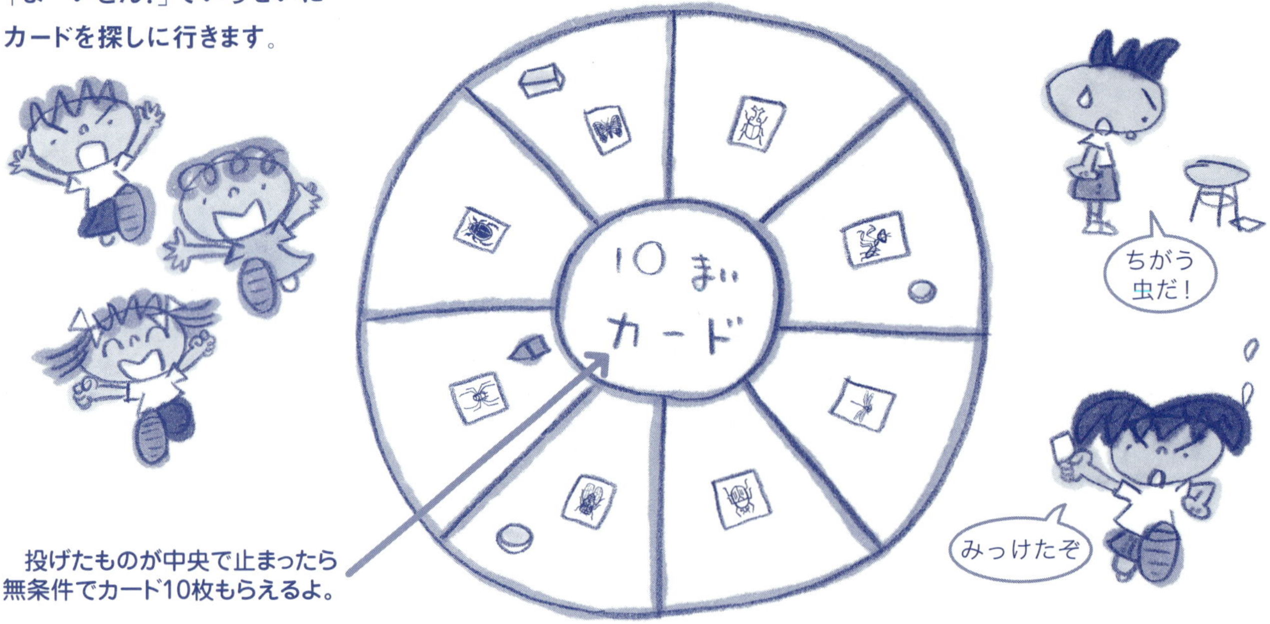

投げたものが中央で止まったら無条件でカード10枚もらえるよ。

3 早く探して帰ってきた順に上がり。タイムレースなのです。

ワンポイントアドバイス

● かくし場所のヒント

どこをどう探しに行っていいか、わからないことも。そんなときは、その虫カードがある場所のヒントもかきこんであげましょう。

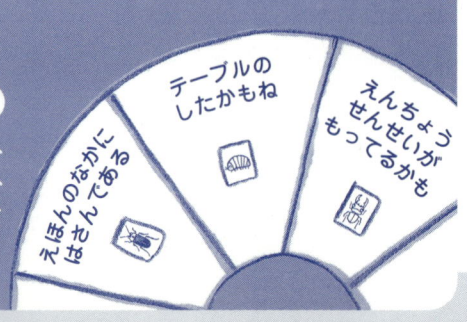

バリエーション どこどこサイコロ

カード D 22ページ　5〜6人でコピー2枚

1

サイコロを作って、虫カードを貼ります。

えいっ
よっ

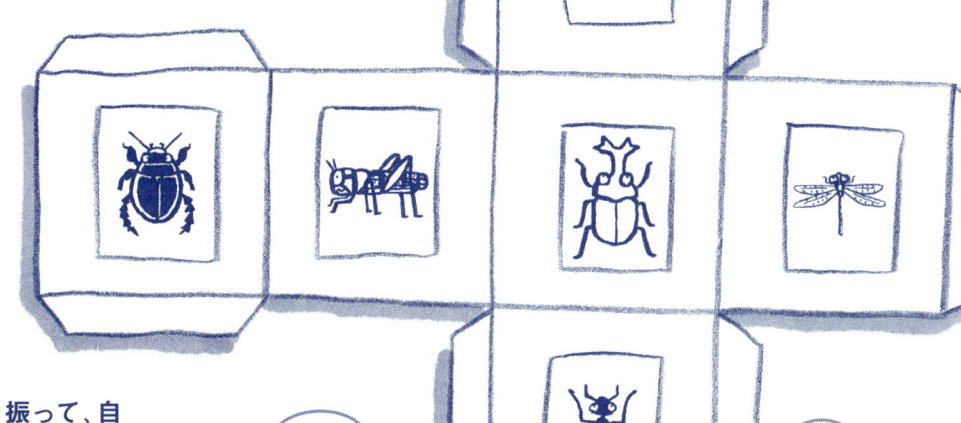

2

サイコロを、ひとりずつ振って、自分が探してくる虫を決めます。

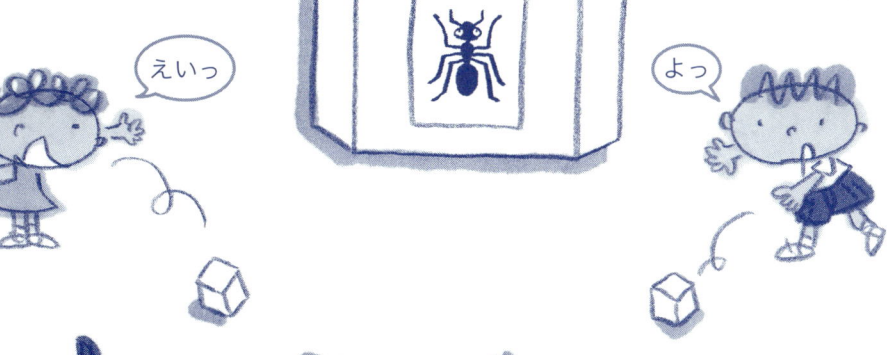

3

「よーいどん!」でいっせいに探しに行きます。

よーいどん!

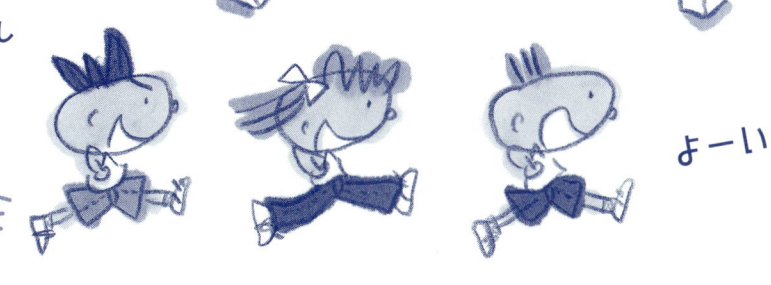

4

早く探して帰ってきた人が優勝です。違う虫カードは、残念ですがもとに戻します。

! ちょっとアレンジ

● 枚数を加えて楽しさアップ!!

虫カードの横に数字をかきこんで、その面の虫を含めた数を集めるというルールにすると、ぐっとおもしろくなりますよ。

クワガタムシを
1枚集める
テントウムシを
入れて5枚集める
セミを入れて
3枚集める
1
5
3

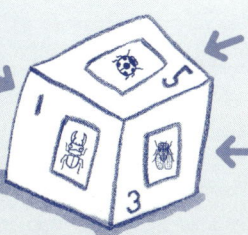

どうぶつさがし

1 鳴き声さがし

カード 6ページ　コピー1枚

3歳から

1
前もってカードをかくしておきましょう。おとながある動物の鳴き声をまねします。

2
「よーいどん！」でいっせいにカードを探しに行きます。

3
ポーズをつけてヒントを出して。

4
最初に見つけた子が、そのカードをもらえます。

🔖 ワンポイントアドバイス

● カードが違うときの声かけ

小さな子の場合、違うカードを堂々と嬉しそうに持ってくる場合があります。「違うんだけど見つけたね。声をよく聞いてもう一回探してこようね」と声をかけてあげましょう。

！ちょっとアレンジ

● 見つけたら鳴ける権

「最初に見つけたら、次回は出題者になって動物の声で鳴くことができる」なんて特別オプションもまた楽し、です。

カードさがしであそぼ

II クイズでさがし

カード **A** 6ページ　コピー1枚

3歳から

1
おとなが、前もってカードをかくし、探してくる動物についてのクイズを出題します。どの動物かを、みんなで考えるのが楽しい。

●クイズの例
1）鼻が長くて、大きい動物だよ。
2）くびが長くて、木の葉を食べるよ。
3）おなかのふくろに、子どもがいるよ。
…など1題ずつ出題しよう。

2
「よーいどん！」で探しに行きます。

3
わからないようならヒントを。

4
見つけたらそのカードをもらえます。

！ちょっとアレンジ
●クイズ出題権
「カードを見つけたらクイズを出題する権利が与えられる」というルールを追加してもいいね。

寒いところに住んでるとべないトリは？色は白と黒だよ

III 特徴カードさがし

カード **E** 34ページ　コピー1枚

3歳から

1
かくしてあるのは全身のカード。

2
部分カードだけを見て、からだの特徴をヒントに探しに行きます。

レッツゴー

3
最初に見つけたらもらえる、をくり返します。

ウサギみっけ

！ちょっとアレンジ
●特徴カード引ける権 
「最初にカードを見つけた人が、次の特徴カードを引くことができる」というルールをプラスしてみよう。

29

パズルカードさがし

I　2分割編（個人戦向き）　　カード 　5〜6人でコピー4枚

2歳から

1 パーツを2枚合わせると、1枚の絵になるカードを使用します。バラバラになるように、かくしましょう。

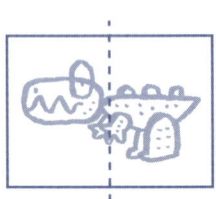

2 「よーいどん！」でバラバラになっているカードを探し、ペアにします。

3 ペアをたくさん集めよう。一度に何組も集めることはできません。ひとつずつ集めてね。

II　4分割編（個人戦向き）　　カード 　5〜6人でコピー2枚

2歳から

1 パーツを4枚合わせると、1枚の絵になるカードを使用します。

2 年少児の場合はパーツ同士を近くに、年長児の場合はバラバラに置いてください。

3 2分割編と同じ要領で、見つけた人がカードをもらえます。

ワンポイントアドバイス
● 取り合いになったら？

ほしいカードが取り合いになったときは、じゃんけんで解決しよう。

ちょっとアレンジ
● オリジナルカードを作ろう

オリジナルのカードを作ってみても面白い。お気に入りのカードや写真をカラーコピーして作ってみよう。

III　12分割編（チーム戦向き）

カード **S** 83ページ　　1枚またはコピー2枚

1
パーツを12枚合わせると、1枚の絵になるカードを集めます。

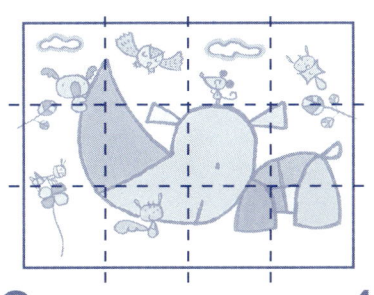

2
バラバラに置いちゃおう。遊びかたには2パターンあります。
①1枚のカードをみんなで集める（年少児向き）
②2枚以上のカードをまぜこぜにして、チーム対抗で集める（年長児向き）

3
早く12枚集めたチームの勝ち！

4
「先にそろえたチームに20枚分のポイント」というようなルールにすれば、チームあそびになります。

ワンポイントアドバイス

● 交渉して、交換！

となりのチームがほしいカードを持っている場合、交渉して交換するというのも大切なこと。
ところが、「やだよーだ」なんてこともあります。そんなときでも、「じゃんけん！！」と言われたら応じるルールにしよう。勝ったらもらえるんです。

「かえて〜」「いいよー」
「ならばじゃんけんだ」「わたさないぞ」

4歳から

IV　ランダム編（チーム戦向き）

カード **S** 83ページ　　コピー1〜2枚

1
複雑な図形にもチャレンジしよう。カード **S** をお好きに切ってみてください。1枚のカードを単独で使うなら年少児・年中児、2枚以上まぜこぜなら年長児で遊んでみてください。

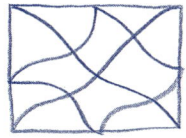 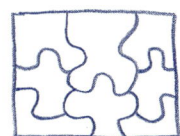

2
バラバラに置いたものを、2チームで競って集めよう。

3
早く集めたチームの勝ちです。

4歳から

ハンターカード

1
1チーム4～6人編成で、2チーム以上に分かれましょう。

2
チーム内のひとりがハンター役、あとの人は犬役になります。犬役は鳴き声しか出せないよ。

3
「よーいどん！」でスタート。あらかじめかくしてあるカードを、犬が探しに行きます。

4
犬は見つけるだけで、カードにさわることはできません。鳴いてハンターを呼びます。

5
カードに触れて取ることができるのは、ハンターだけです。

6
右の点数表で集計し、点数の多いチームの勝ちです。

点数表

点数	
1点	
1点	
1点	
3点	
3点	
5点	
5点	
5点	
10点	
10点	
20点	
30点	
-10点	

| カード | **F** 35ページ | 2チームでコピー2枚 |

2 カードさがしであそぼ

4歳から

! ちょっとアレンジ

● 鳴き声はチームごとに

犬の声ばかりで「わんわん」と鳴いていると、どのチームが呼んでいるのかハンターもわからないので、チームごとに鳴き声を変えてもいいよ。それによって、自分のチームだとすぐにわかるからね。

ネコ　カエル　キツネ

ルールバリエーション

● 横取り

カードは横取りOK。あんまりハデに鳴くと、他チームのハンターに気づかれて取られちゃうかも。でも、いくら横取りOKとはいえ、足で踏んでかくしたりしてはだめ。発覚した場合は、100数えるあいだ犬はフリーズ（動けない状態でキープ）していなければなりません。

● うそ鳴き

鳴きかたに「うそ鳴き」を打ち合わせておく作戦も。たとえばカエルチームなら、本当に見つけたときは「ゲロゲーロ」、うそ鳴き「ケロンチョー」などと決めておけば、味方のハンターは「ゲロゲーロ」のときしか来ません。何も知らない敵は、横取りしようとやって来るかも。

ゲロゲーロ　ゲロンチョー

● サプライズ集計

持っているカードによって点数に変化が。集計終了後に発表しましょう。

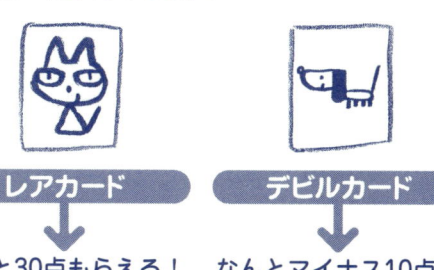

レアカード	デビルカード
↓	↓
なんと30点もらえる！（1レースに1枚だけ）	なんとマイナス10点！（1レースに何枚も入れよう）

カードE

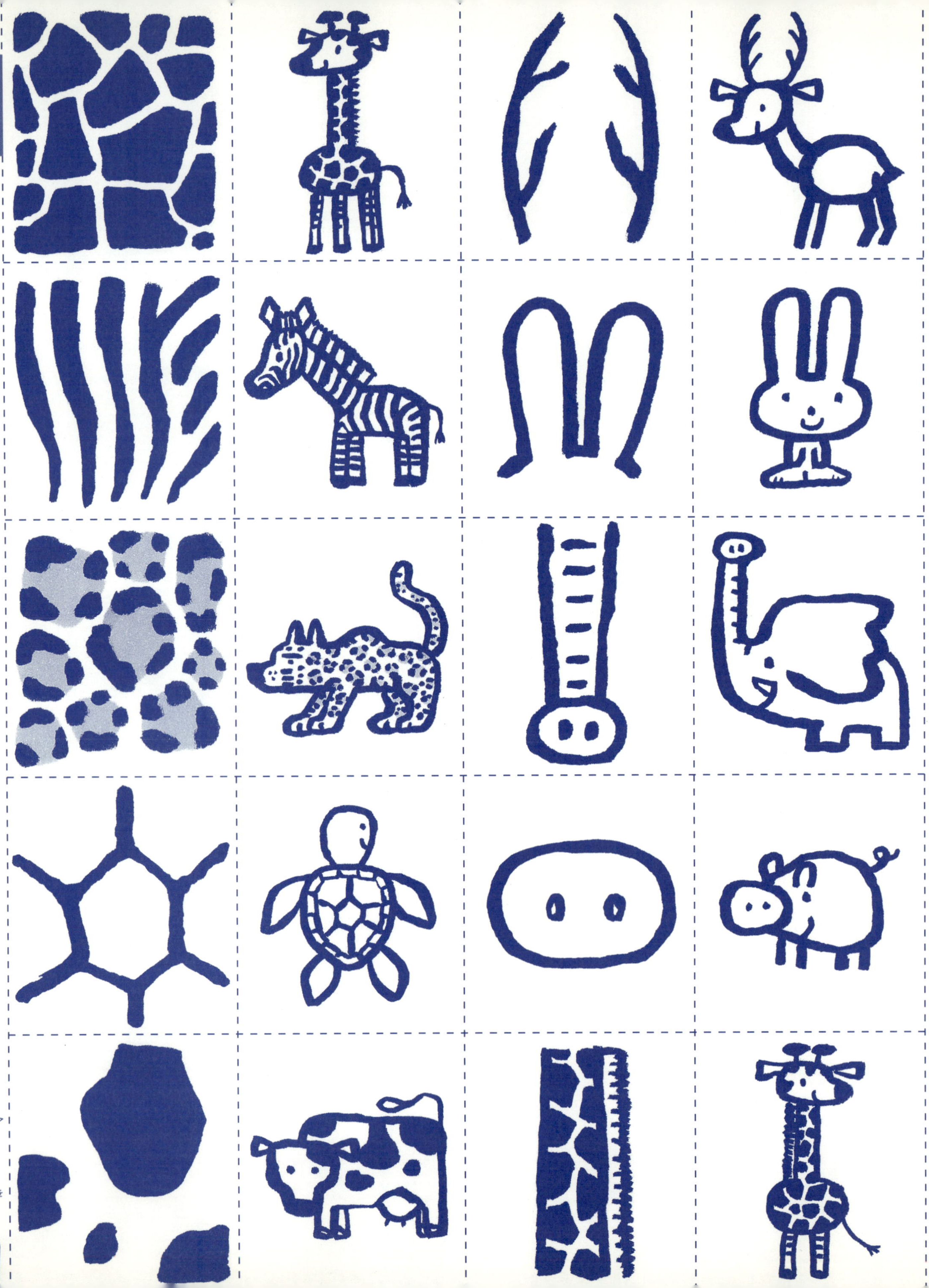

©TOMOHIKO FUJIMOTO

コピーOK
ご使用の前には
かならず4ページを
お読みください。

切り取り線

©TOMOHIKO FUJIMOTO

カード F

切り取り線

コピーOK
ご使用の前には
かならず4ページを
お読みください。

35

> ちょっと
> ひと息 ①

輪になって話し合おう

　「つまんない」「ずるい」「ひっぱったな」「ぶったな」「よこどりしたな」「やだ」「くやしい」「えーん」「ぎゃあ」なんて。遊んでいると、いろいろなアクシデントや困ったことが突然起きる。というか必ず起きる。でも実は、トラブルが起きたときこそ、子どもたちにとって成長するチャンスだったりするんだなあ。

　誰かが転んだり、泣いたり、けんかになったりすると、あそびそのものが中断する。そんなときは、いったんみんなで集まって、輪になって座ろう。そして今起きたことを、なるべく当事者の口から話してもらう。みんなでそれを聞く。その「聞く」ということがとても大事。地面にイタズラがきとかしてる場合じゃない。聞くのです。そして、どうしたらいいかをみんなで話し合うこと。解決の道をポジティブに見つけようじゃないか。今ここで何が起きたのかをみんなで確認して、みんなで解決にむかって話し合うことが大切なんだ。「あの子が悪い」なんてつるし上げはやめよう。悪いことをしたなら、「ごめん」をすればいいのだから。

　話し合いができれば、しめたもの。それによって、新しいルールを見つけることができる。みんなで見つけた解決方法ならば何よりも納得できるし、理解も深いに違いない。だからその後遊んでみると、同じあそびが、さっきよりずっと楽しくなっているはずだ。

　こんな風に『みんなで膝をつき合わせて話し合う』ことの積み重ねこそが、子どもたちにとって意味があるのだとぼくは考えている。こうしてひとつのあそびを遊びこむことを通じて、ぼくたちはたくさんの経験を積み重ねていく。そのくり返しで、人として大切なことを、あそびの中からいっぱい学ぶことにもなるんじゃないかな。

2つのグループに分かれて、
カードを取り合います。
みんなで話し合い、みんなで助け合い、
みんなで楽しさを共有できるという点が
チーム戦の醍醐味です。
いろんな人がいるからこそ、
あそびっておもしろくなるよね。
ということを、カードを使いながら
体験してほしいと思います。
カードは章にこだわらず、
お気に召したものをどんどん使って遊んでね。

PART 3

2チーム対抗で あそぼ

カード G

どんじゃんけんぱ

カード **G** 38ページ　1チームあたりコピー2枚

3歳から

3　2チーム対抗であそぼ

1
カードを1枚持って、両端から「よーいどん！」でスタート。『けんぱ』で進み、出会ったところで「どん！」と元気よく手を合わせます。

2
じゃんけんをして、勝った人は負けた人からカードを1枚もらい、そのままけんぱで進みます。

3
負けた人は、カードを1枚渡したら進路をゆずり、スタートの列の後ろに戻ります。戻ったらカードを1枚補給できます。

←勝ったらそのまま進む

↓負けたらカードを渡し、列の後ろに戻る

4
相手チームの陣地を踏んだら、カードが10枚もらえます。

5
何回かくり返して、カードの合計枚数が多いチームの勝ちです。

ワンポイントアドバイス

●『けんぱ』とは

片足とびと、両足着地をくり返して前に進む方法。おなじみですね。

けん 片足で　**ぱ** 両足で

ちょっとアレンジ

●ライン引きが大変なら

けんぱ用のラインを引くのが大変だったら、1本の線やなわとびをつなげたものを代用してもかまいません。

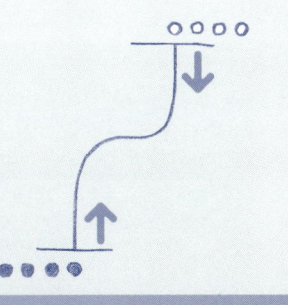

バッカンバトル

1
2チームに分かれて陣地を決めます。隊長は、コピー2枚分のカードを持ちます。

いざ出陣！

Aチーム基地

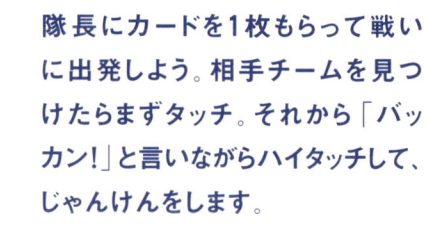

Bチーム基地

2
隊長にカードを1枚もらって戦いに出発しよう。相手チームを見つけたらまずタッチ。それから「バッカン！」と言いながらハイタッチして、じゃんけんをします。

タッチ！
バッカン
じゃんけんほいっ

3
負けたらすぐに逃げろ！ 隊長にさわればセーフです。

待てー
早く早くー
隊長

ワンポイントアドバイス

● じゃんけんで負けた仲間を救おう

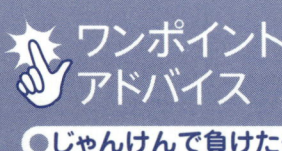

仲間がじゃんけんに負けて追われていたら、追っている相手をタッチして、「バッカン！」しよう。追われている人は、そのすきに逃げて隊長にタッチできればセーフ。

負けた！
敵につかまる前に逃げろ！

4

勝った人は、負けた人にタッチすればつかまえたことになり…

5

カードを1枚もらった上で、自分のチームの捕虜とすることができます。

6

隊長同士のバトルでは、勝ったら負けた隊長から10枚カードを受け取ることができます。

7

規定時間内に、たくさんカードを集めたチームの勝ちです。

8

集計時、捕虜の解放をしなければいけません。捕虜ひとりにつきカードを5枚、相手チームに渡そう。

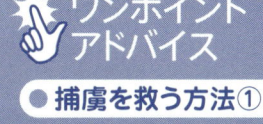

ワンポイントアドバイス
● 捕虜を救う方法①
敵の陣地にいる捕虜は、味方にタッチしてもらえればその場で逃げることができます。

ワンポイントアドバイス
● 捕虜を救う方法②
捕虜は、ゲームの途中にカードを渡して解放してもらうことも可能です。

おたからバトル ぐー・ちょき・ぱー

1
2チームに分かれて基地を決め、それぞれが基地に宝とカードをセットしよう。宝を取ったらゲーム終了です。

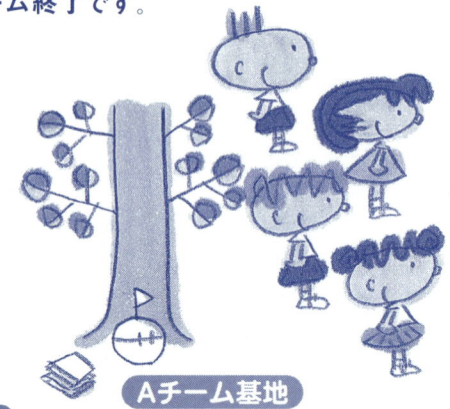

Aチーム基地

Bチーム基地

2
「ぐー」「ちょき」「ぱー」いずれかのカードを1枚、メンバーそれぞれが持ってください。各カード6枚ずつ、18枚が1チームの全枚数です。

ぐー　　ちょき　　ぱー

3
「よーいスタート」で相手チームのメンバーにタッチ。持っているカードを見せ合い、じゃんけんをします。

タッチ！
せーの
ぐー
ちょき

4
勝ったら、そのカードをもらえます。あいこのときは、そのまま別れます。

負けちゃった…
あいこだ

ワンポイントアドバイス
●トラブルには話し合いを

タッチをしたとかしないとか、カードをくれないとか。そういったトラブルが生じたときこそ、話し合って乗り越えるチャンスです。遊びこむのに重要！

あーでもない　こーでもない

5
負けたら、新しいカードを基地に取りに帰ってください。

6
カードがなくなるか、宝を取られたらゲーム終了。

7
宝は、カード10枚で返してもらえます。

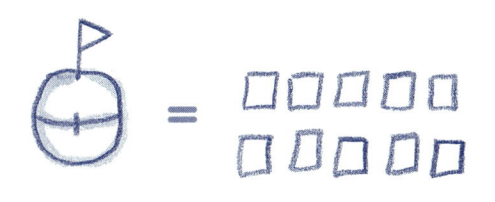

8
集計して枚数の多いチームの勝ちです。

8 vs 28

ドロケイルールバージョン

1
ケイサツは、宝を守っています。この宝をねらうドロボウがいます。タッチして、「ぐー」「ちょき」「ぱー」のカードバトルをするところは、基本のあそびと同じ。

2
ケイサツが勝ったら、逮捕してカードを没収。ドロボウチームのメンバーが仲間にタッチし、逃がすこともできます。

3
時間内に宝を守りきったら、ケイサツの勝ち。ドロボウが宝を取って基地まで持って行ったら、ドロボウの勝ちです。

→ ドロボウの基地

どうぶつコール

1
はちまきをして、動物カードをはさみ、前から見えるようにしておきます。

2
2チームに分かれます。

3
自分のカードの動物を、相手チームにわからせないようにするバトルです。カードを読み取られない工夫を、いろいろするのがおもしろいのですよ。

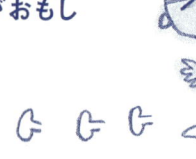

下を向いてかくす

Aチーム基地

後ろ向きに歩いてかくす

Bチーム基地

木でかくす

首を振って見えなくする

4
カードの動物を見破ったら、動物名をコールしよう。正解された人はそのカードをコールした人に渡し、基地に戻って新しいカードをはさみ、またバトルです。

フクロウ！

3 2チーム対抗であそぼ

カード **F** 35ページ　5〜6人でコピー2枚

3歳から

アレンジ

● カードの数を増やしてみよう

慣れてきたら、カードの枚数を増やそう。ただし、読まれた分だけ渡さなければいけません。

カード2枚　カード3枚　カード4枚

さぁわかるかな？

サル キツネ イノシシ！

やられた

● ゲームの決着のつけかた

勝ち負けの決めかたにも、バリエーションがいっぱい。いろいろためしてみよう。

決着1 → カードがなくなったチームの負け
決着2 → チームの基地にある缶をけられたら負け
決着3 → 制限時間で区切り、カードの合計枚数で決着
　　　　　　　　　　　　　　　　　　　　　　　などなど

⚡ ワンポイントアドバイス

● ルールが守られないときは

どうぶつをコールしたのにカードをくれないとか、手でカードをかくす子がいる…なんてとき、みんなで集まってルール確認をしたり、話し合ったりすることが大切です。

ウサギ サル！
無視…
見えないよ〜

45

そこぬけどたどたゲーム

『そこぬけチーム』『どたどたチーム』に分かれてのバトルゲームです。どっちがカードをたくさん集められるかで、決着します。「開会式ごっこ」をしてから始めると、気分が盛り上がりまっせ。

I カードの橋をかけろ！

カード G 38ページ　1チーム5～6人でコピー5枚以上

3歳から

1 向こう岸からこっちまで、カードの橋をかけよう。ひとり1枚ずつ交代で置いては戻り、置いては戻りで早く橋がつながったほうの勝ち。

2 勝利チームは、橋に使ったカードがすべてもらえます。

3 負けたチームは半分だけ、橋に使ったカードがもらえます。

II カードでファッションショー

カード G 38ページ　1チーム5～6人でコピー5枚以上

3歳から

1 各チームからモデルさんをひとり選びます。

2 ふたり1組で、カードを1枚ずつ持ってスタート。モデルさんにくっつけよう。

3 制限時間で終了。合計枚数で勝敗を決めます。何枚くっつくかな？

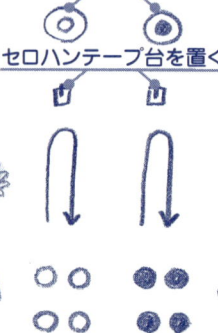

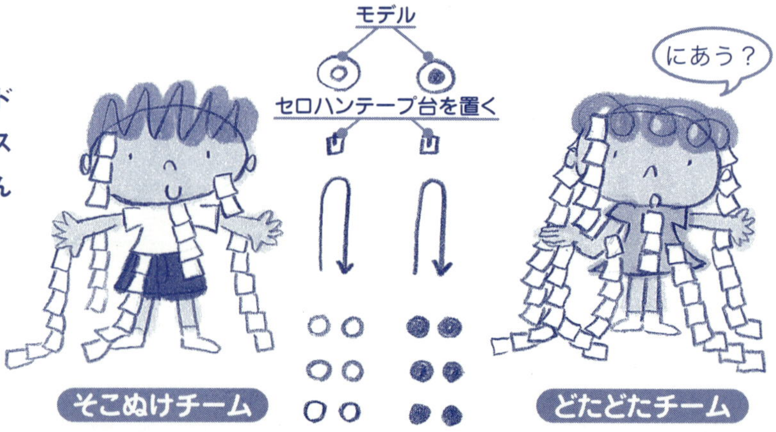

III トラの子カードをトラなくちゃ

カード **G** 38ページ　2チームでコピー5枚以上

3歳から

1
おとなが中央に立っていて目をつぶり、「だるまさんがころんだ」をコールします。コール中はみんな動いてOK。

2
円の中に入ってカードを取り、円の外に持って出てくるともらえます。

ダンボールなど障害物を置いても

カードはオニの近くにたくさん置いてください

もうちょっと…

そ〜っ

う、動けない…

1枚ゲット

アウト！

3
コールが終わっても動いているところを、オニに見つかったらアウト！　カードを置いて外に出て、またやり直しです。

4
チームで合計何枚取れるかで、勝敗が決まります。

ワンポイントアドバイス

● 円の中にはシカクがいっぱい？
四方から囲んで取りに行くので、オニのまわり3分の2は死角になります。じょうずにチャンスを活かして。

Ⅳ SケンバトルG

カード **G** 38ページ　　1チーム5〜6人でコピー3枚

5歳から

1
ひとり1枚ずつ持って出発。自分のチームの陣地から、相手チームの陣地を目指します。

2
S字の外は、ケンケンで進もう。タッチされたらその場でじゃんけん。勝ったら相手からカードをもらい、そのまま進みます。負けたらカードを渡して、新しいカードを取りにケンケンで陣地に戻ります。

3
S字の中は両足OK。相手の陣地に入ったら、宝を守る人にタッチしてじゃんけんバトル。

4
宝を守る人に勝ったら缶をけることができ、さらにカード10枚をうばえます。

5
制限時間内にどれだけカードをうばえるかが勝負の決め手です。

> 誰かに勝ってカードを2枚持ってるなら、負けても取りに戻らずそのまま続けられるよ。

> 宝を守る人は、じゃんけんの強い人がいいよね。いろいろ作戦を立ててみよう。

- 安全地帯
- 宝（缶）
- カード
- 宝を守る人
- S字の外はケンケン
- そこぬけチームの陣地
- どたどたチームの陣地
- S字の中は両足OK
- 安全地帯

ワンポイントアドバイス ●こぶたんこも、泣いてすっきり！

ごっつんこしたり、こぶたんこができちゃったりするときがあります。そんなときは、泣いてください。思いっきり泣いてしまえばすっきりするのさ。こぶたんこくらいも作ってごらんなさい。保育者も、「痛かったねぇ。冷やしてから、またやるかい！」ってな具合で楽しくいきましょう。

ウワ〜〜〜ン

V フラッグバトル

カード G 38ページ　コピー1枚

3歳から

1
うつぶせのポーズから「よーいどん！」。

2
ダッシュしてフラッグカードを取ろう。早いもの勝ち！

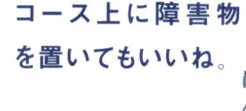

3
コース上に障害物を置いてもいいね。

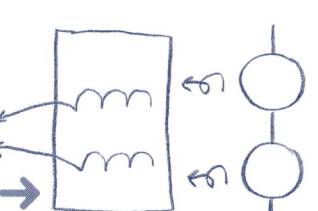

ブルーシートをしいて、その上はケンケンで進むなど

●フラッグを作ろう
① 厚紙で台と棒を作ります。
② 棒に切りこみを入れ、カードを差しこみます。
③ でき上がり。

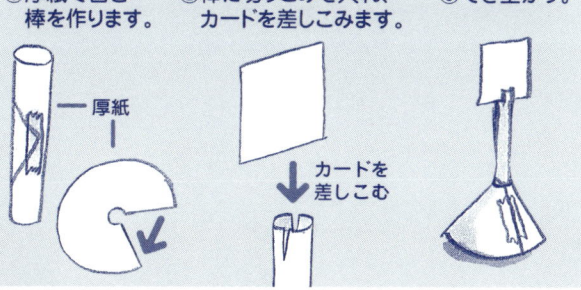

厚紙
カードを差しこむ

ワンポイントアドバイス　●異年齢で遊ぶなら
年少の子には、スタートをフラッグの近くにしてあげると、参加しやすいですね。

VI 表彰式ごっこ
全5種目が終わったら、カードの得点を集計して表彰式です。

1 優勝チーム発表！
メダル風カードが渡されます。

やったね

好きなカードにひもを通してメダル風に

2 MVP発表！
活躍した人に賞をあげよう。

小さい子をよく助けたで賞

3 祝賀パーティ

カードの花吹雪！

カードでポイントハイク

施設全体・敷地全体・公園全体などといったロケーションの中にポイントを設置して、グループごとに時間差で出発します。ノーマルカード（カード **G**）を各チーム10枚持って行こう。ポイント番人（おとな）から出される課題をクリアすると、パズルカードの一部がもらえます。

パズルカード

カード **T** を8枚に切って使用します。

ポイント1　カードさがし
「この付近にカードがあるので、探しなさい」という課題。パズルカード［a］を1枚見つけたらクリア。

スタート　時間差で出発！

記号の見かた
← 矢印マークに従って進みます
✕ 行ってはいけないところマーク
❗ ポイントマーク

ポイント2　ポーズゲーム
カード **J** 3種類のうち1つを、「せーの」で代表がポーズ。ポイント番人のポーズと違っていればクリア。パズルカード［b］がもらえます。

ポイント3　お買いもの
パズルカード［c］を売っています。ノーマルカードを使って買おう。ねだんは1枚にしたり、5枚にしたり…どうする？

👆 ワンポイントアドバイス
● ポイント番人は安全番人

園外活動の場合、最優先事項は安全確保。おとなが番人としてポイントにいるということは、安全確認のためという理由もあるのです。子どもたちが見えなくなる死角がないかどうかも、しっかりチェックしよう。それから、次のポイントへ導いてあげるヒントをあげる役割も。

3 | 2チーム対抗であそぼ

カード **G** 38ページ **J** 54ページ **T** 85ページ　　G…1チームごとにコピー3枚　　J…コピー1枚　　T…6チームごとにコピー1枚

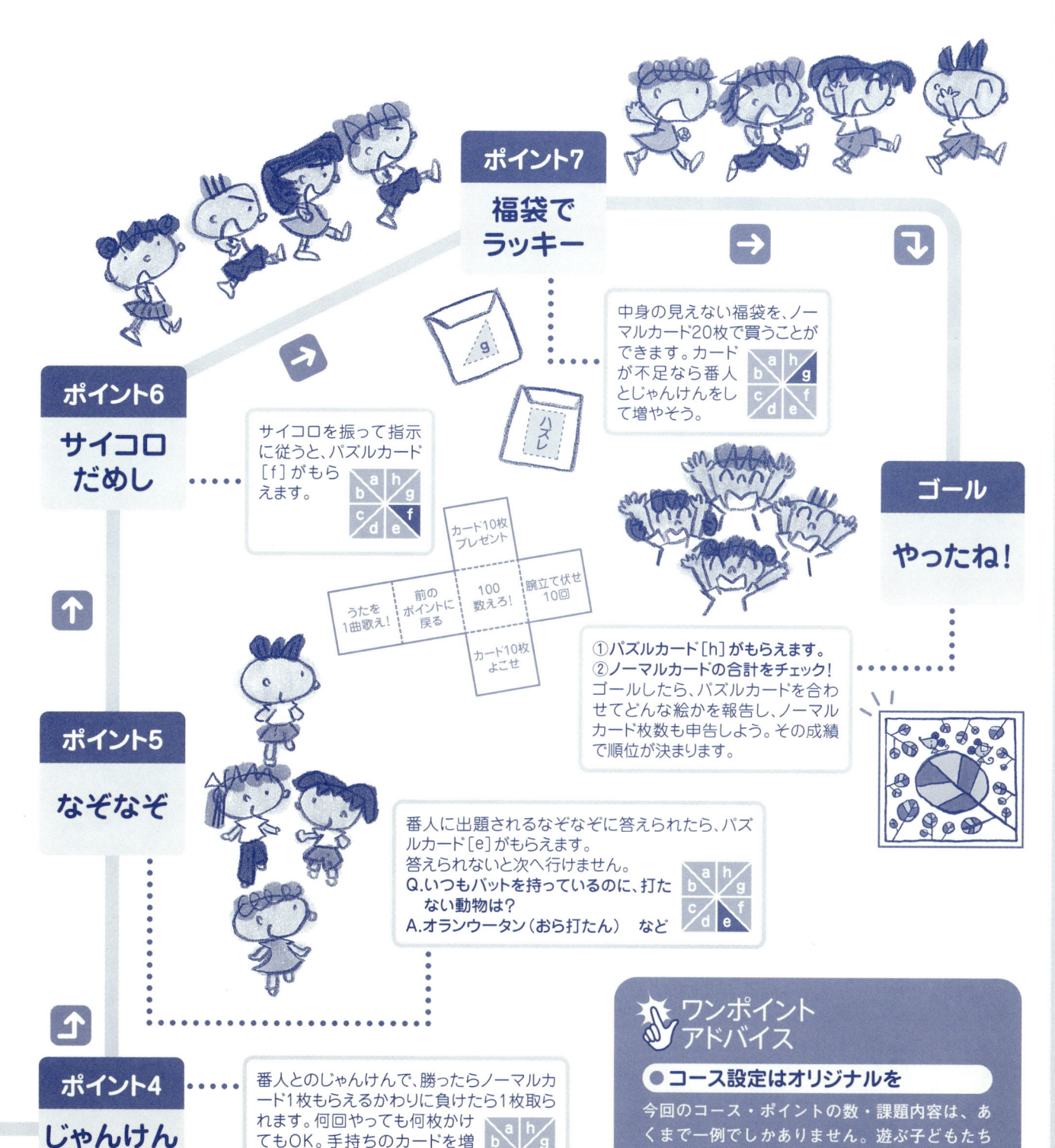

4歳から

ポイント7
福袋でラッキー

中身の見えない福袋を、ノーマルカード20枚で買うことができます。カードが不足なら番人とじゃんけんをして増やそう。

ポイント6
サイコロだめし

サイコロを振って指示に従うと、パズルカード［f］がもらえます。

（サイコロの目：うたを1曲歌え！／前のポイントに戻る／100数えろ！／腕立て伏せ10回／カード10枚プレゼント／カード10枚よこせ）

ゴール
やったね！

①パズルカード［h］がもらえます。
②ノーマルカードの合計をチェック！
ゴールしたら、パズルカードを合わせてどんな絵かを報告し、ノーマルカード枚数も申告しよう。その成績で順位が決まります。

ポイント5
なぞなぞ

番人に出題されるなぞなぞに答えられたら、パズルカード［e］がもらえます。答えられないと次へ行けません。
Q.いつもバットを持っているのに、打たない動物は？
A.オランウータン（おら打たん）　など

ポイント4
じゃんけんゲーム

番人とのじゃんけんで、勝ったらノーマルカード1枚もらえるかわりに負けたら1枚取られます。何回やっても何枚かけてもOK。手持ちのカードを増やすチャンス！　通過したら、パズルカード［d］がもらえます。

ワンポイントアドバイス

●コース設定はオリジナルを

今回のコース・ポイントの数・課題内容は、あくまで一例でしかありません。遊ぶ子どもたちの年齢や体力差、環境などをよくよく考慮して、オリジナルのコースを設定することをおすすめします。このページでは、考えかたを示しました。

カード H

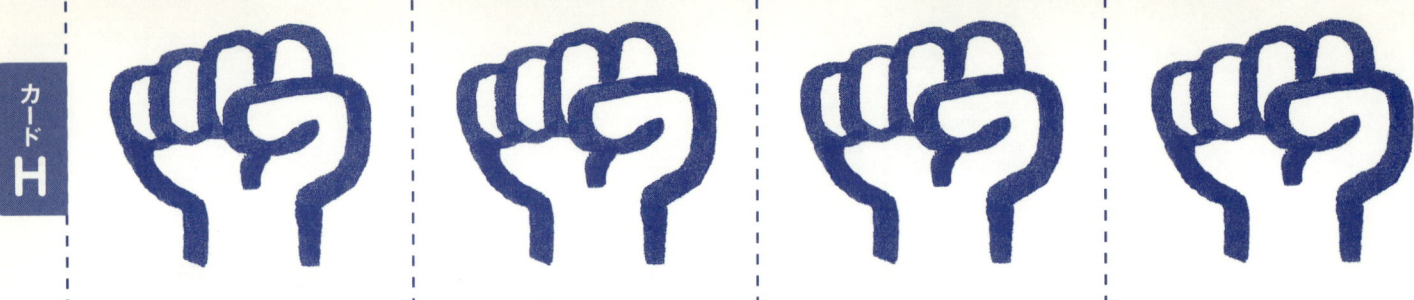

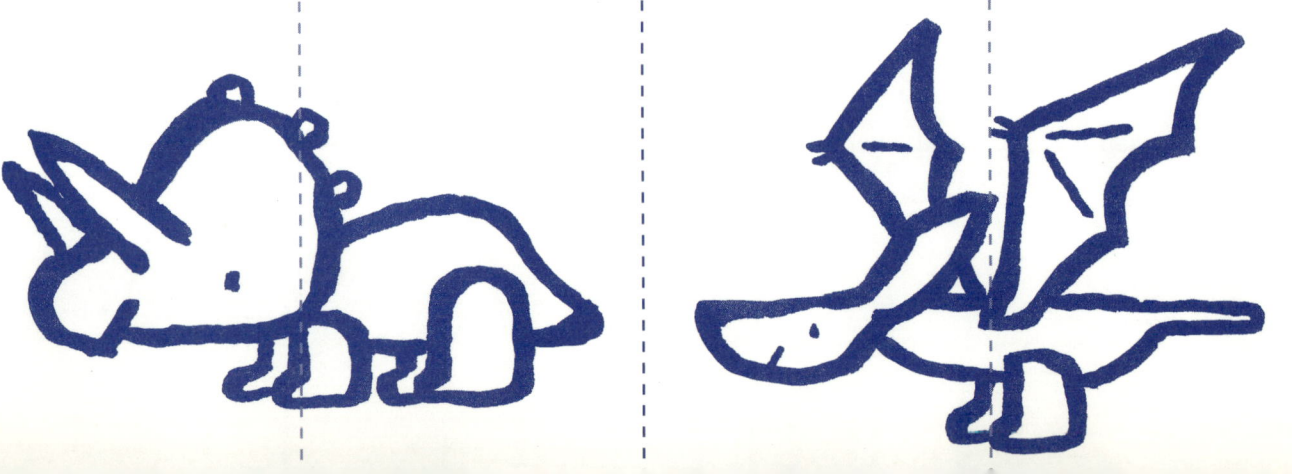

カード I

52

輪になって遊ぶのは、
室内でも野原でも、
すぐにできますね。
しかも、みんなの顔がしっかり見えて、
みんなの声をすぐそばで聞きながら、
いっしょになって遊べるわけです。
そんなひと時こそ、大切にしたい時間です。
遠足で行った先でも手軽に楽しめる、
そんなあそびをいくつか。
いろんな章から集めたお気に入りのカードを
40〜50枚くらい輪ゴムでまとめて、
いつもポケットに入れておくと
とても重宝します。

PART
4

輪になって
あそぼ

カード J

カードおとし

カード **J** 54ページ　コピー1枚

4歳から

1
オニはカードを持ってスタート。ハンカチおとしのカード版です。ルールはハンカチおとしと同じですが、罰ゲームがカードならではに。

課題カード

2
オニがぐるっと3周回るあいだに、誰かの後ろにカードを置きます。

3
カードを置かれた子は、すぐにオニを追いかけよう。オニが自分のいたところに座る前にタッチできなかったら、次のオニになります。

課題カード

4
オニになったらまず、中央に置かれた課題カードを1枚と置かれたカードを交換し、課題カードと同じことをします。そのカードを持って再スタート。

べべ～

5
オニがもし座る前にタッチされたら、カードをもう1枚引いて課題をやって、もう1回オニになります。

よーしやるぞー

ワンポイントアドバイス
●カードはさらりと置こう
カードはこっそり、そ知らぬふりでさらりと置いて、気づかれるな！

4 輪になってあそぼ

フルーツバスケット

カード **K** 62ページ　8人でコピー5枚

4歳から

1
3種類のフルーツカード（リンゴ・メロン・バナナ）のうち1枚を持ちます。中央にはフルーツカードと、フルーツバスケットカード（できれば少し多めに）を混ぜ、伏せて置きます。

リンゴ　　メロン　　バナナ

フルーツバスケット

2
オニは中央にスタンバイ。足もとから1枚カードをひろって、みんなに「リンゴ！」とコールしたら…

リンゴ！

4
オニは空いた席に座ります。誰かひとりあぶれる人が出ますので、次のオニになります。リンゴカードは中央に戻し、どれかまたひろってコール…をくり返します。

座れ…なかった…

3
リンゴカードを持っている人だけ、席を移動しなくてはいけません。

5
フルーツバスケットカードを引いたら、全員移動です。オニはフルーツバスケットカードとくだものカードを取り替えてから、席に着きます。人数が多いときは、フルーツカード5種類すべてを使って遊んでもいいね。

| バリエーション | ポーズカードバージョン | カード J 54ページ K 62ページ | それぞれコピー1枚 |

4 輪になってあそぼ

4歳から

1
カードをポーズカードに替えて遊びます。まず、カードを3枚選び、そのポーズを3つ覚えよう。

顔を横にのばす　ほっぺつぶす　鼻に親指でパー

2
この3種類のカードと、バスケットカードを混ぜて、中央に伏せて置きます。

3
オニはカードを1枚ひろって、自分だけ見ます。

4
「せーの」でみんなもオニもいっせいにポーズをとります。

せーのっ

5
オニと同じポーズをとった人は、席を移動しなくてはいけません。オニはカードを戻し、席に着きます。

6
座る場所がない人が、次のオニです。他のポーズカードでもためしてみよう。

ワンポイントアドバイス

● コールは元気よく！

フルーツバスケットカードを見せるときには、「フルーツバスケット！」とコールも大声でないとわかりにくいので、元気よくいきましょう！

フルーツバスケット！

じゃんけんポーズ

カード **J** 54ページ　8人でコピー5枚

2歳から

A. 顔ポーズ編
じゃんけんをして、最後に負けた人がカードを引き、引いたカードと同じ顔をします。

B. 体ポーズ編
じゃんけんをして、最後に負けた人がカードを引き、引いたカードと同じポーズをします。

C. コンビでポーズ編
ふたり組になってじゃんけん。最後に負けた人がカードを引いて、引いたカードと同じポーズをします。

ワンポイントアドバイス

やだあ…

●ポーズをとりたがらない子には
ポーズをとるのをいやがる子は、無理をさせず、カードをめくる役なんてのも導入してみてください。

●グループごとでも遊べます
顔ポーズ、体ポーズ、コンビでポーズとカードを分けると、3グループに分かれて遊べます。

変身カードゲーム

カード **M** 63ページ　4人ごとにコピー1枚

4 輪になってあそぼ

5歳から

1
リーダーが、カエル・ヒツジ・キツネ・オオカミカードを持ってスタンバイ。

2
みんなは、**カエルカード** を持ってスタート。
カエル vs カエルで、「どん!」してじゃんけん。

- **勝ったら** → リーダーのところに行って **ヒツジカード** に交換。
- **負けたら** → そのまま **カエルカード** 。

3
ヒツジカード を手に入れたら、ヒツジを見つけて「どん!」してじゃんけん。

- **勝ったら** → リーダーのところに行って **キツネカード** に交換。
- **負けたら** → そのまま **ヒツジカード** 。

> **! ちょっとアレンジ** ●ポーズゲームをやってみよう
>
> カエルポーズで歩く／キツネケンケンで歩く／オオカミポーズで歩く
>
> 現在の自分のカードのポーズで、ゲームをやってみよう。

4
キツネカード を手に入れたら、キツネを見つけてどんじゃんけん。

- **勝ったら** → リーダーのところに行って **オオカミカード** に交換。そのまま、またオオカミを探して、勝てばあがり!
- **負けたら** → **カエルカード** に逆戻り。また最初からスタートしよう。

ヒツジとオオカミ

カード **M** 63ページ　ふたりごとにコピー1枚

4歳から

1
ヒツジカードは人数の4倍くらい、オオカミカード1枚で1セットです。バラバラに広げよう。

2
順番を決めてカードをめくろう。ヒツジカードならもらえます。

3
オオカミカードが出たらアウト！　持っているヒツジカードは全部もとに戻します。

「オオカミ！アウトだー」

4
オオカミカードも戻してシャッフルし、アウトの人はゼロからやり直しです。

5
最後の1枚までやって、誰が一番ヒツジカードを持っているかを競います。

！ちょっとアレンジ　●慣れたら種類を増やして

慣れたらカード**M**の残りの2種類を加えても楽しいよ。

誰が持ってるの？

カード 77ページ　好きなカード1枚

4歳から

4　輪になってあそぼ

1
1チーム5人以上で、扇状に向かい合います。❶の人はカードを1枚、相手チームに見えないように、手のひらにかくして持ちます。

2
Aチームの❶の人から順に、手に持ったカードを❷→❸→❹→❺と、Bチームに見せないようにして手渡します。

3
でも、本当に渡したかどうかはわかりません。Bチームは、どの人がカードを持っているかを相談します。

4
❺の人までカードを渡し終わったら、Bチームは「せーの、3番！」とコールして、❸の人が持っていれば勝ちです。あてっこゲームなわけです。渡すチームを交替して、3回戦くらい遊んでみよう。

「❷が持ってました」

ここにあるよ〜
ここだよ〜

ワンポイントアドバイス
● 演技力が勝負のポイント

持っていても持っていなくても、自分が持っているような演技をするというのが、このゲームのおもしろいところです。スリル満点！

カード K

カード L

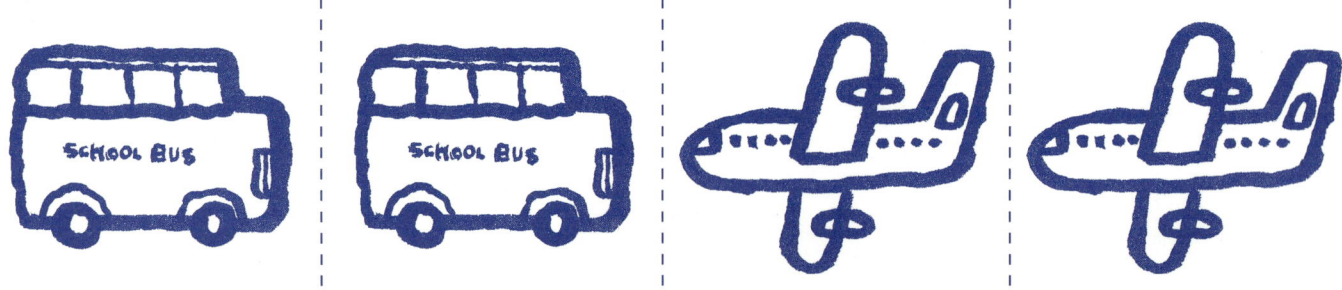

62

© TOMOHIKO FUJIMOTO

切り取り線

コピーOK
ご使用の前には
かならず4ページを
お読みください。

カード M

63

> ちょっと
> ひと息 ②

勝っても負けても

　学校のテストで低い点数を取ることは、本来悪いことじゃあない。テストの点数が低いということは、わからないこと・知らないことが多いというだけのこと。どの部分を自分は知らないのかが判明するわけだから、そのことをじっくり調べたりして、理解ができればいいんだ。すると新しい世界を知ることもできるし、次からは間違えない。もともとテストというのは、そういうためにあるものなのです。人として大切なことを学んでいくためにこそ、テストなんていうものは利用するべきではないかなぁ。長いあいだの受験生時代を経て思うわけ。

　この本には、勝ち負けが決まるあそびがいっぱい出てくる。ゲームなんだから、勝ったり負けたりする（じゃんけんなんて勝ち負けを決めるためにあるもんね）。その負けたときこそ、テストと同じように弱点を明確に把握して、改善点を見い出し、切磋琢磨して成長する絶好のチャンスなのだととらえてみてほしい。負けたのには原因がある。「ではどうすれば今度は勝てるかなぁ」と、チームで話し合い、試行錯誤、七転八倒、泥まみれになりつつ、チャレンジしていく。そうやってあそび続ける中で、お互いがはげまし合い、助け合い、たたえ合いつつ、喜びも悲しみも共有できれば、それでいいのだと、ぼくは考える。そうして、みんなが人として成長できれば、遊んだかいがあったというものじゃありませんか。正しく遊べば、あそびは絶好かつすっごく楽しい成長の機会を与えてくれるに違いない。

0・1・2歳だって、
カードで遊びたいんです。
カードを見つけるだけで楽しい。
カードをめくるだけで楽しい。
ささやかなあそびだけど、
小さなみんなはそれだけで楽しめるからすごい！
ちょっとしたコミュニケーションの道具として、
カードを利用してみるのもいいんじゃないかな。
小さな子どもたちだって
結構いろんなものに興味があるし、
なにより、楽しく遊びたいんです。
だから、この本のどのカードを使ってもOK。
「楽しさ」を最優先して
遊んでみてください。

PART
5

0・1・2歳も
カードであそぼ

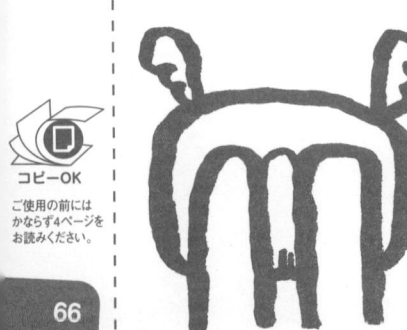

カードN

66

山折り線

切り取り線

©TOMOHIKO FUJIMOTO

なにかな なにかな

5 0・1・2歳も カードであそぼ

カード **A** 6ページ　コピー1枚

0歳から

1
「なにかな なにかな」と声をかけつつ、カードを見せてあげてください。

2
さわりたがったら、持たせてあげてください。

3
カードとたわむれるという感覚で、あまりとらわれずに遊んでみてください。

4
ぐちゃぐちゃにしてもいいんです。またコピーすればいいんですから。いろいろなカードを使ってみてね。どの章のカードでも楽しく遊べます。

あむあむ

ワンポイントアドバイス

●カードのじょうずな保存法

カードは、図書館などで使われている書籍用フィルムシートなどでコーティングしておくと、なめても傷まないから安心ですね。両面をしっかりコートしよう。

角はハサミで切り落としてね

いない いない

1 いない いない

カード N 66ページ　**コピー1枚**

0歳から

1 カードを半分に折って、セロテープでくっつけます。

2 「いないいない」と言って、くるっとめくって…

3 「ばあ！」と反対側を見せて遊びます。

● 裏表の、絵柄の変化を楽しむあそびです。

さまざまな表情

さまざまな動物

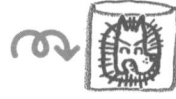

● 他にも、いろいろな色・形のカードを考えて作ってみよう。

さまざまな形

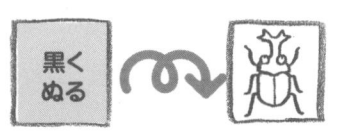

さまざまな色

赤くぬる → 🍎　　黄色くぬる → 🍌　　黒くぬる → 🪲

5 0・1・2歳も カードであそぼ

II くるっとして こちょ

カード **N** 66ページ　コピー1枚

1 指人形のように、はめることができます。

2 まず片面を見せてあげて…

3 くるっと返したところで「こちょこちょこちょー」とくすぐります。

0歳から

III とことこ こちょこちょ

カード **N** 66ページ　コピー1枚

1 とことこと、カードがからだを登っていきます。

2 とことこと、いろんなところを歩いていきます。

3 そして「こちょこちょ」します。

0歳から

ワンポイントアドバイス

● たっぷりと声をかけて

たっぷり声をかけて、共感してあげてください。たっぷり笑って、だっこしてあげてください。たっぷりの安心感こそ、赤ちゃんの幸福です。

いたね いたね

1 いたね いたね

カード **A** 6ページ　コピー1枚

1歳から

1
カードの絵のほうを上に向けてたくさん並べ、好きなカードを手にとって遊びましょう。

絵があるほうを上向きに

2
好きなカードを見せてくれたら「いたね、いたね」と共鳴します。

「いたね」

3
カードあつめが楽しくなると、あそびにものってくるでしょう。

4
お気に入りがたくさん集まったら、みんなで喜ぶのです。満足感、充足感をたっぷり感じられるよう、あそびの世界を充実させてあげてください。

ワンポイントアドバイス

● 取り合いを共感へ

「これはAちゃんのだね」なんて押し付けても、小さい子には通用しませんね。取り合いになったら無理せず、同じカードを渡して「同じだね。よかったね」と共感へと誘いましょう。

II　ウサギ どーこ?

カード **L** 62ページ　**P** 78ページ　それぞれコピー1枚

1
カードを混ぜて「ウサギ、どーこ?」と声をかけて、ウサギの家族カードだけを探させます。カードは伏せないで、絵を見せておきます。

絵があるほうを上向きに

2
同じく「じどうしゃ、どーれ?」と声をかけて、同じ仲間のカードを探させます。かるた以前のかるたごっこができますね。

じどうしゃ　いっぱいだね

1歳から

III　めくって いたね

カード **K** 62ページ　**L** 62ページ　それぞれコピー1枚

1
カードをすべて伏せて置きます。

伏せて置く →

2
めくって絵が出ると、それだけで楽しいものです。

リンゴ　／　そうだねリンゴだね

1歳から

> **ワンポイントアドバイス**
> ●カードをめくったら…
> カードをめくったら、出たものをいっしょに「くるまだね」「リンゴだね」と共有共感し合いましょう。そこのところが大事なのです。
>
> くるま!　リンゴ!

どっちかな

カード 77ページ　好きなカード1枚

1歳から

1
「さあ、どっちに入るかな？」とカードを見せてから…

2
「どっちかな、どっちかな」

3
「さあどっち？」

4
小さなカードですから、おとなの手のひらにすっぽり入るはず。声をかけてあげたり、右のようなうたを歌ってもいいですね。

「こっちかな こっちかな」
「こっちかな こっちかな」
「こっち」

♪ **どっちかな** ♪

作詞　藤本 ともひこ
作曲　増田 裕子

どっち にだん ごむ し いるのかな
どっち にてん とむ し いるのかな
どっちのおててに いるのかな　ぜったいこっち
どっちのおててに いるのかな　うそつきこっち
ぜったいあっち　あっちこっちそっちこっち どっちかな
うそつきどっち　どっちこっちそっちどっちどっち どっち

5
いっしょに共感して、喜んで。外れたら「もう一回やろうね」と言ってあげよう。

「はい 当たりー」

ワンポイント アドバイス

● かくすのは、手の中ばかりとは限りません

その1 どっちのぬいぐるみの下かな？

その2 どっちの箱かな？（あけやすくしておく）

どこかな どこかな

カード **○** 77ページ | コピー1枚

5 | 0・1・2歳も カードであそぼ

1歳から

1
からだのあちらこちらに、カードをかくしておきます。かくすところって、からだにだっていっぱいありますよね。かんたんなところ、ちょっと見つけにくいところ、いろいろなところにかくしてみてください。

2
それを子どもに探させるのです。見つけたら、「いたね。よかったね」と共感しましょう。からだ以外のところにかくすのも楽しいですよ。

- 髪の毛の中
- 耳の上
- 口にくわえる
- そで
- わきの下
- ズボンのすそ
- ポケットの中
- おしりの下
- ひざの後ろ
- 足の下

「みっけ」
「みつけた〜」

ワンポイントアドバイス

● 見つけられたら、さわりっこ！

カードを見つけられたら鳴き声を出してみたり、「見つけたなぁ〜」と言いながらくすぐってみたりして、さわりっこを楽しもう。

「ネコみっけ」「にゃお」「こちょこちょ」

くだものさがし

カード K 62ページ　L 62ページ　N 66ページ　それぞれコピー1枚

1歳から

1
部屋の、いろいろなところにカードを置いておきます。

2
ブタくんがみんなに頼みます。「おなかがすいたよう。くだものをみんなで探してきておくれよ」

「どこかな〜」

「おなかがすいたよう」

3
ちょっとだけ、くだものじゃないカードが混ざっていると「おや？」と考えるきっかけになります。「くだものをよーく探してね」とモチベーションを高める言葉かけをしてみましょう。決して、「違う」や「だめ」などのネガティブな言葉がけはしないように…。楽しくないですよね。

「それはくるまだブー」

あれ？　フムム…　ブドウさがそー

! ちょっとアレンジ
● めくってわかると楽しい

見えないように伏せておいて、めくると何かがわかるというパターンも楽しいね。

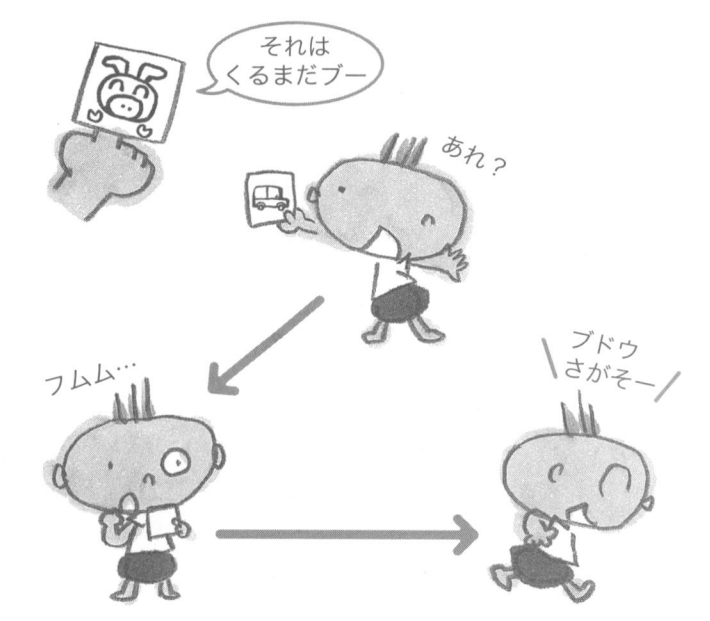

「ブドウだ！」

虫さがし

5 ｜ 0・1・2歳も カードであそぼ

カード **D** 22ページ ｜ コピー1枚

1歳から

1
園庭のあちらこちらに、カードを置いてみましょう。「よーいどん！」で虫さがしです。

2
本当にいてもおかしくないところに、カードは置こう。たとえばセミが地面にいたら変ですよね。

3
見つかりやすいところの虫カードは、ぽろりぽろりと補充しよう。

4
いっぱいカードが集められたかな。

5
見つけた虫カードは、虫カゴに入れます。

箱 → ／ 紙にかいたカゴ ←

テントウムシ／セミ／バナナムシ／アリ／カマキリ／ダンゴムシ

！ちょっとアレンジ

● 逃がしてあげよう

あそびの後に、「逃がしてあげようか」という声が上がったら、みんなでパァッと逃がしてあげよう。

● かくれている風に

カードは伏せて置くのも、かくれている風でいいね。パターンを変えて楽しんでください。

カードあつめ
おうちへいらっしゃい

I ぼくのおうちへいらっしゃい

カード **P** 78ページ　コピー1枚

2歳から

1 自分のおうちを紙にかいて、集めてきたカードをおうちへ入れてあげます。

2 みんなのおうちは、家族でいっぱい。いろんな仲間が集まるよ。誰もが地球の大切な家族だよね。

II どうぶつのおうち

カード **P** 78ページ　コピー1枚

2歳から

1 いろいろな場所から、ウサギはウサギくんのおうちへ帰ろう。

2 「みんながおうちへ帰ってきたら、晩ごはんだよ」なんて、お話仕立てにしても遊んでみてください。

↑ デパートに買いものに来ている人たち

↑ 会社へ来ている、はたらく人たち

↑ 学校へ来ている子どもたち

©TOMOHIKO FUJIMOTO

カード ○

コピーOK
ご使用の前には
かならず4ページを
お読みください。

切り取り線

77

カードP

78

おわりに

ロックスピリッツ

「ロックの精神」というのは「魂の叫び」だ。と、ぼくは思っている。ところが世間では、ロックというと反抗的で、飲んだくれて……なんてイメージが強いようだ。違う違う。そんなのはかっこつけのまがいものだ。ロックは「心の叫び」なんだ。

ぼくにとってのロックは、誰かのしいたレールや価値観に反抗することだった。もちろん、誰かが作った歴史や文化でも、素晴らしいものはいっぱいある。それに、自分たちを産んでくれた親たちを大切に思わないはずはない。でも、心の声が無視され、人生をむりやり押しつけられたりしたら、それはたまらないことだ。今の自分たちの本音と向き合い、新しい価値観を紡ぎだし、育てて開花させようという動きこそが、「ロックな生き方」であったはずだ。だからロックンロールミュージックは素晴らしかった。何ものにも替えがたい自由に見えた。しばしばわがままが過ぎたせいで、ロックは誤解や間違ったイメージを生みやすかったけれど。しかし、自分たちだけ気持ちよければいいという、そんなロック音楽の時代はもう終わった。現に、ロック音楽が世界を救うキャンペーンをする時代になっているじゃないか。

「ロックの精神」は、これからも大切なものであり続けると、ぼくは思う。人生にとって本当に大事なことは何かを、いつも目ん玉しっかり開けてとらえておけ、というメッセージを含んでいるからだ。ひとりひとりが、本当に心から大事なものは何かを明確に意識して、きちんと意思表示し、行動するということを教えてくれるからだ。誰かが作ったあそび。誰かが決めた予定。誰かの価値観。「誰か」が押し付けてくるものは、鵜呑みにせずに、きちんと対峙して自分で判断すべきだということを忘れずに。かといって与えられたもの全てを否定してかかるのじゃなくて、素晴らしい部分は尊重し、正しい伝統として継承していく。その上でぼくたちの「魂の叫び」が加わればいい。

この本で述べた、あそびについても同じこと。どこからでも、取り入れるものは取り入れて、あとは自分たちで好きに料理してかまわない。子どもたちとともに、子どもたちの目線になって、どんなあそびがしたいかを話し合いながら、本当の意味での「ロックスピリッツ」でもって遊んでほしい。いつもいつも新しい毎日に、前を向いて目を見開いて、みんなで歩いていってほしい。しっかりと自分たちのために遊んでみてほしい。そして、それができるようになったら、今度はどこかの誰かに、この本のあそびで見つけた「幸せの種」をおすそわけしていってほしい。

そうやってこの地球のみんなが生きていけたら、素晴らしいなぁ。

2006年　初夏
藤本ともひこ

著者紹介

藤本ともひこ（絵本作家・保育あそびアドバイザー）

1961年東京生まれ。絵本・童話・紙芝居・作詞・保育あそびなど創作活動のすべてを通して"おもしろいは元気の素！"を展開中。

絵本『いただきバス』（すずき出版）、『どろんこたんけんたい』（あかね書房）、『たかいたかいして』（講談社）、童話『おひるねどうぶつえん』（すずき出版）、『モンスターテレビ』シリーズ（あかね書房）など、著書多数。

STAFF
ブックデザイン／下山ワタル
DTP／太田亜希子
楽譜版下／クラフトーン

＼走って／＼探して／＼輪になって／ カードであそぼ！

2006年6月30日　初版第1刷発行

著　者／藤本ともひこ　©TOMOHIKO FUJIMOTO, 2006
発行人／嶋崎善明
発行所／株式会社チャイルド本社
　〒112-8512　東京都文京区小石川5-24-21
　電話／03-3813-3781　振替／00100-4-38410
印刷所／共同印刷株式会社
製本所／一色製本株式会社

日本音楽著作権協会（出）許諾第0604649-601号
乱丁・落丁はお取り替えいたします。

チャイルド本社ホームページアドレス　http://www.childbook.co.jp/
チャイルドブックや保育図書の情報が盛りだくさん。どうぞご利用ください。

カード Q

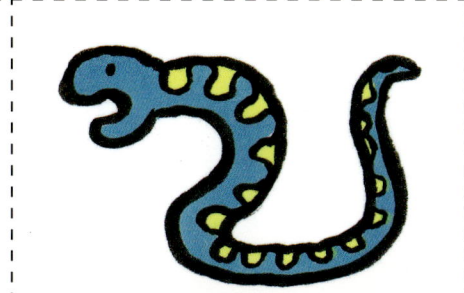

81

©TOMOHIKO FUJIMOTO

カード R

カード S

切り取り線

コピーOK
ご使用の前には
かならず4ページを
お読みください。

83

カード T

カード U

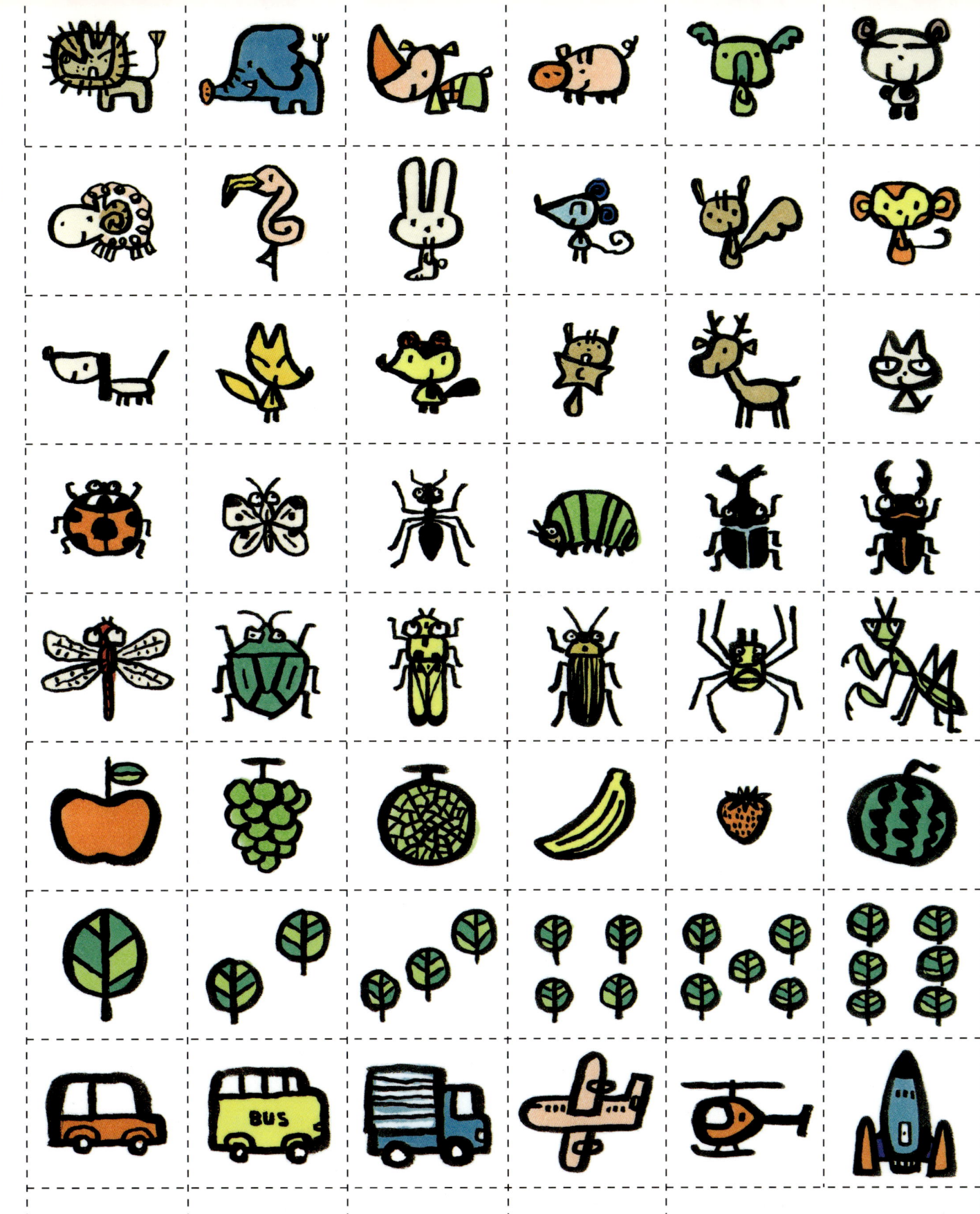

87